だから死ぬ気で旅に出た

原作　片岡恭子
漫画　小沢カオル

THAT'S WHY I SET OUT ON MY JOURNEY,
WITH A MIND TO DIE.

PRESENTED BY KYOKO KATAOKA, KAORU OZAWA

ぶんか社

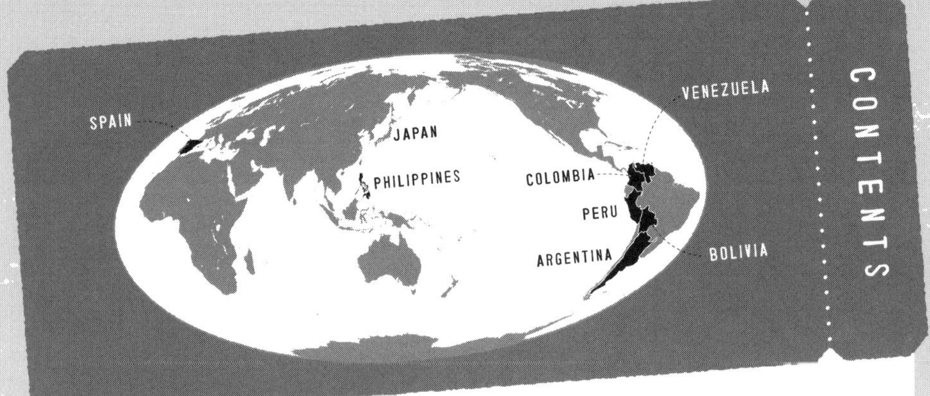

CONTENTS

片岡恭子の旅コラム

特別収録

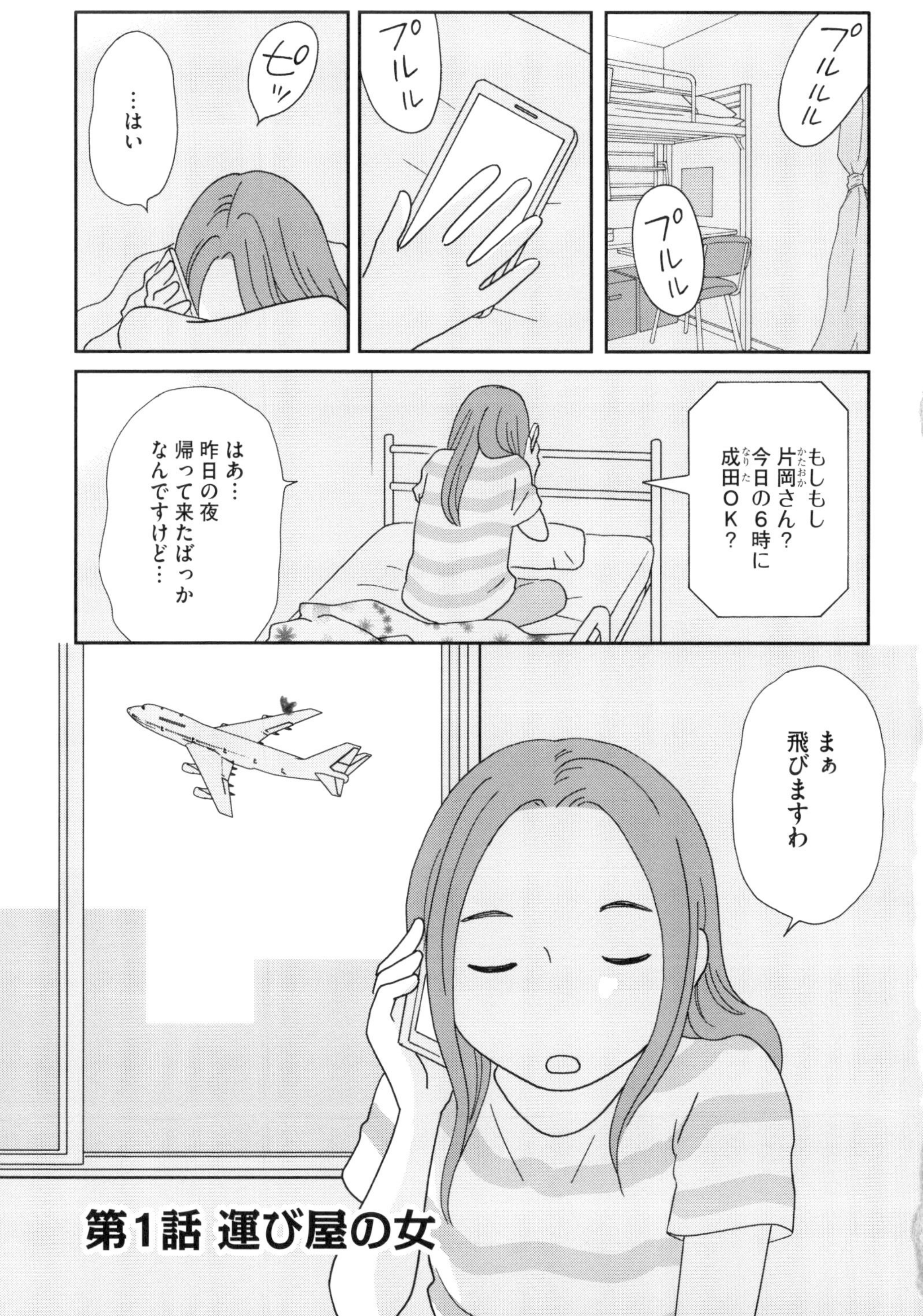
プルルル
プルルル
プルルル
ピッ
…はい
もしもし
片岡さん？
今日の６時に
成田ＯＫ？
はあ…
昨日の夜
帰って来たばっか
なんですけど…
まぁ
飛びますわ
第１話 運び屋の女

場所はどこですか？
メキシコシティー
直行便ですか？最近 乗り継ぎでロストした人がいるって聞きましたけど
今回のブツは機内持ち込みで平気だから
あ そうですか
この間空港でテロに巻き込まれた子もいるから気をつけてね
そんなん気をつけようないですやん
はは じゃあ よろしく
プツン
片岡恭子
職業 運び屋

先週は
タイに3回も
行ったのに

依頼ひとつで
どこへでも行く

ざーっ

今日のライブ
行きたかった
なぁ

チケットは
いつでも当日券

ごく ごく

メキシコ
遠いわぁ

明日の予定は
いつでも未定

たまった
マイレージ
200万マイル

国内線なら
200回
往復できる

UNITED
MileagePlus.
PREMIER 1K MEMBER
1 MILLION MILER
Premier 1K
KYOKO KATAOKA

ユナイテッド航空
マイレージプラス
最上級会員のカード

イモトと同じ
プレミア1Kカードを
持っている

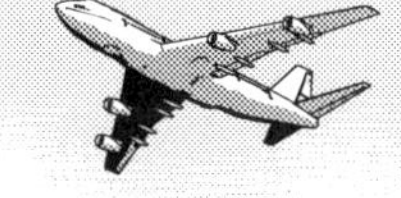

Nacionales
Autobuses Foráneos
Perdón.
¿Es señorita Kataoka?
すみません
片岡さんですか?
Sí
はい
○○社の××です
はじめまして
TAXI
はじめまして

はい これ

ありがとう!
助かりました!

ホテルまで
お送りしましょう
けっこうです ちょっと
町を見たいから

そうですか
では私は急ぐので
ここで
さよなら

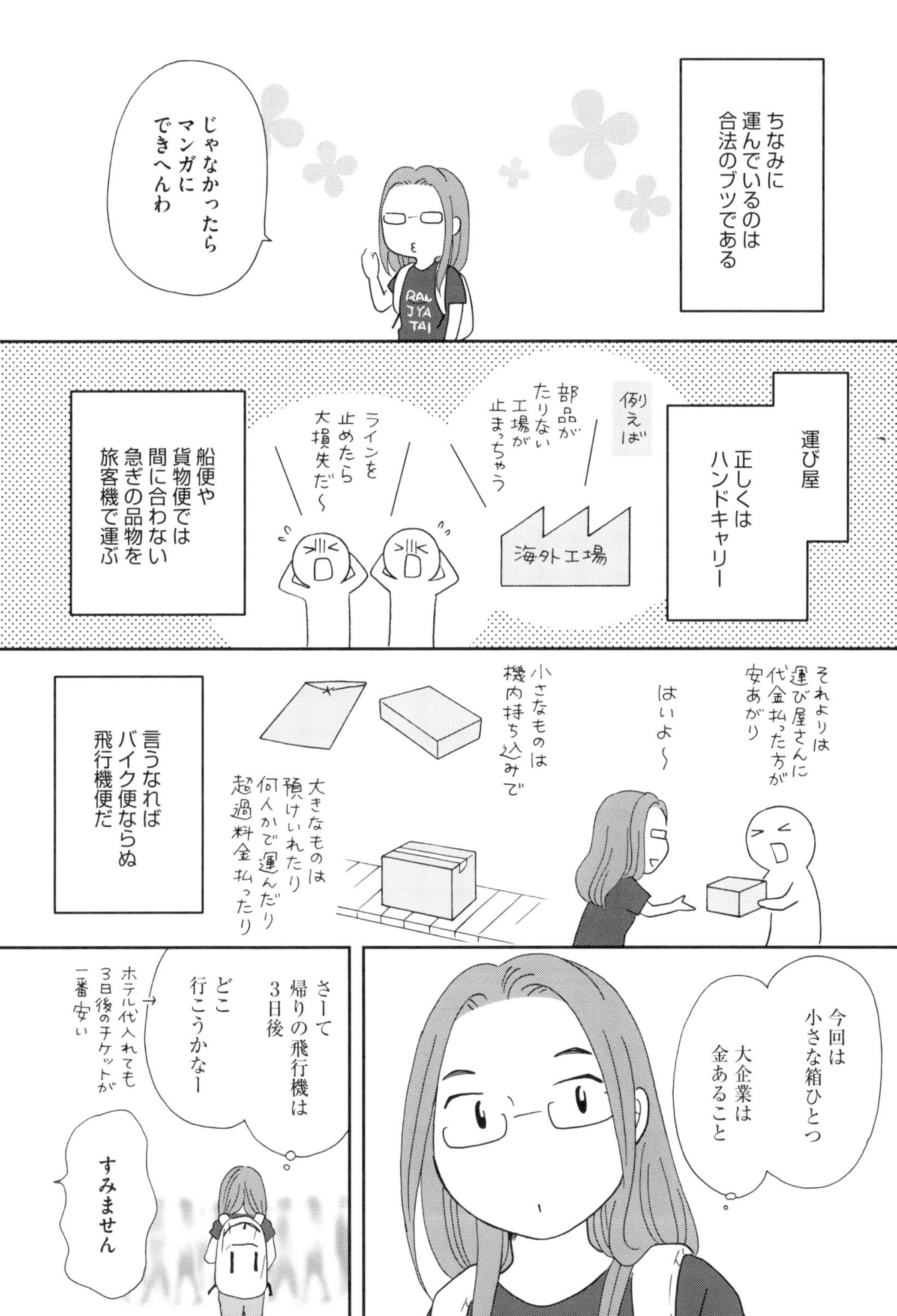

ちなみに
運んでいるのは
合法のブツである
じゃなかったら
マンガに
できへんわ
運び屋
正しくは
ハンドキャリー
例えば
部品が
たりない
工場が
止まっちゃう
海外工場
ラインを
止めたら
大損失だ〜
船便や
貨物便では
間に合わない
急ぎの品物を
旅客機で運ぶ
それよりは
運び屋さんに
代金払った方が
安あがり
はいよ〜
小さなものは
機内持ち込みで
大きなものは
預けいれたり
何人かで運んだり
超過料金払ったり
言うなれば
バイク便ならぬ
飛行機便だ
今回は
小さな箱ひとつ
大企業は
金あること
さーて
帰りの飛行機は
3日後
どこ
行こうかなー
→ホテル代入れても
3日後のチケットが
一番安い
すみません

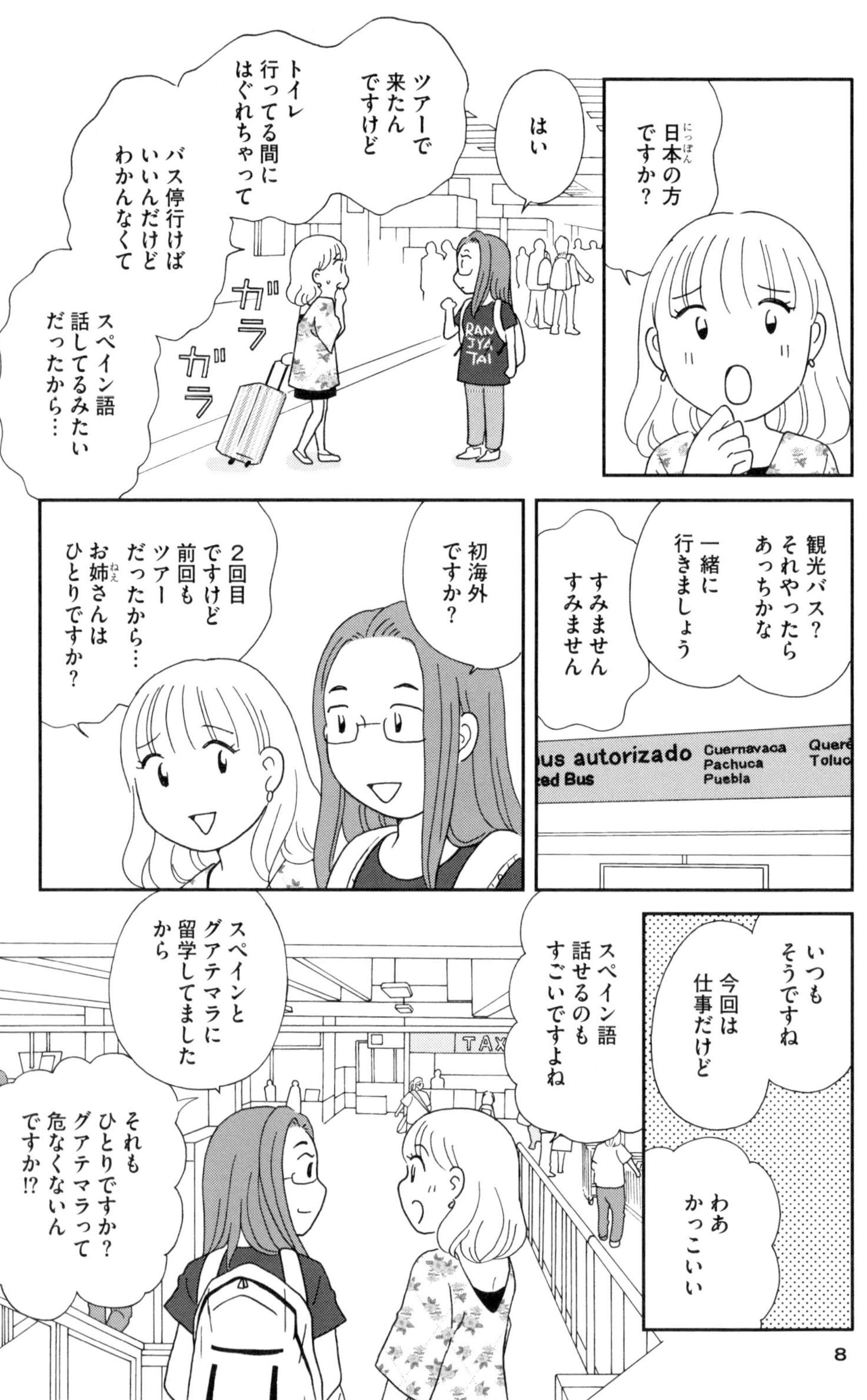
日本の方ですか？
はい
ツアーで来たんですけど
トイレ行ってる間にはぐれちゃって
バス停行けばいいんだけどわかんなくて
ガラ
ガラ
スペイン語話してるみたいだったから…
観光バス？それやったらあっちかな
一緒に行きましょう
すみませんすみません
autorizado
Bus
Cuernavaca
Pachuca
Puebla
初海外ですか？
2回目ですけど前回もツアーだったから…
お姉さんはひとりですか？
いつもそうですね
今回は仕事だけど
わあかっこいい
スペイン語話せるのもすごいですよね
スペインとグアテマラに留学してましたから
それもひとりですか？
グアテマラって危なくないんですか!?

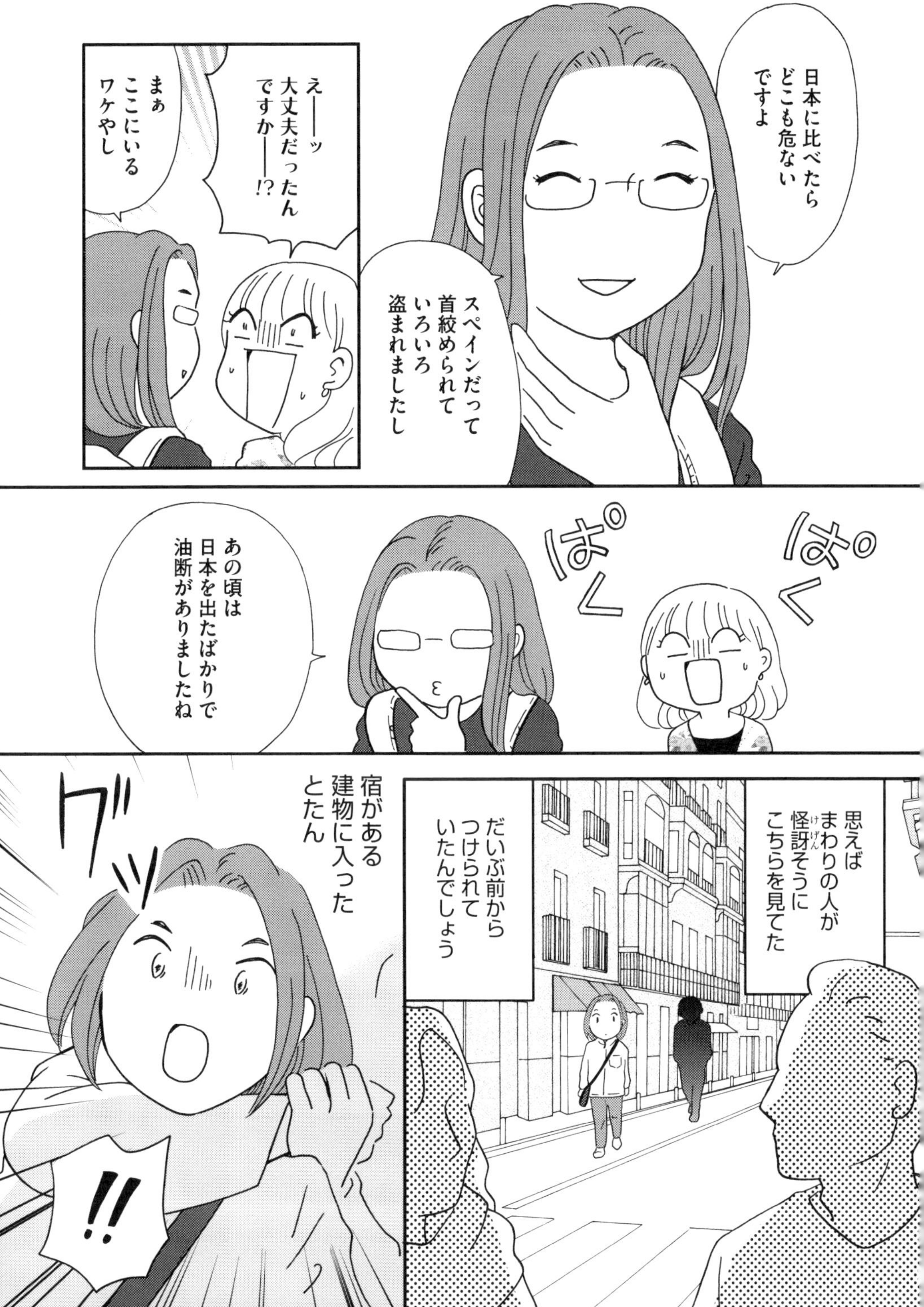
日本に比べたらどこも危ないですよ
スペインだって首絞められていろいろ盗まれましたし
えーーッ大丈夫だったんですかーー!?
まぁここにいるワケやし
ぱく
ぱく
あの頃は日本を出たばかりで油断がありましたね
思えばまわりの人が怪訝そうにこちらを見てた
だいぶ前からつけられていたんでしょう
宿がある建物に入ったとたん
グッ
!!

5秒後には
失神してた
ずうん
かはっ
………!!
びしゃあ
数分後
腰の冷たさに
目を覚ますと
ものすごく
オトすのがうまい
首絞め強盗やった
そして
オトされると
ほんとに
失禁する
どんな感想
ですかソレ！
えっ
だって
犯人がヘタで
気絶できなくて
切られた人が
何人もいるん
ですよ
チッ
HELP
〜!!

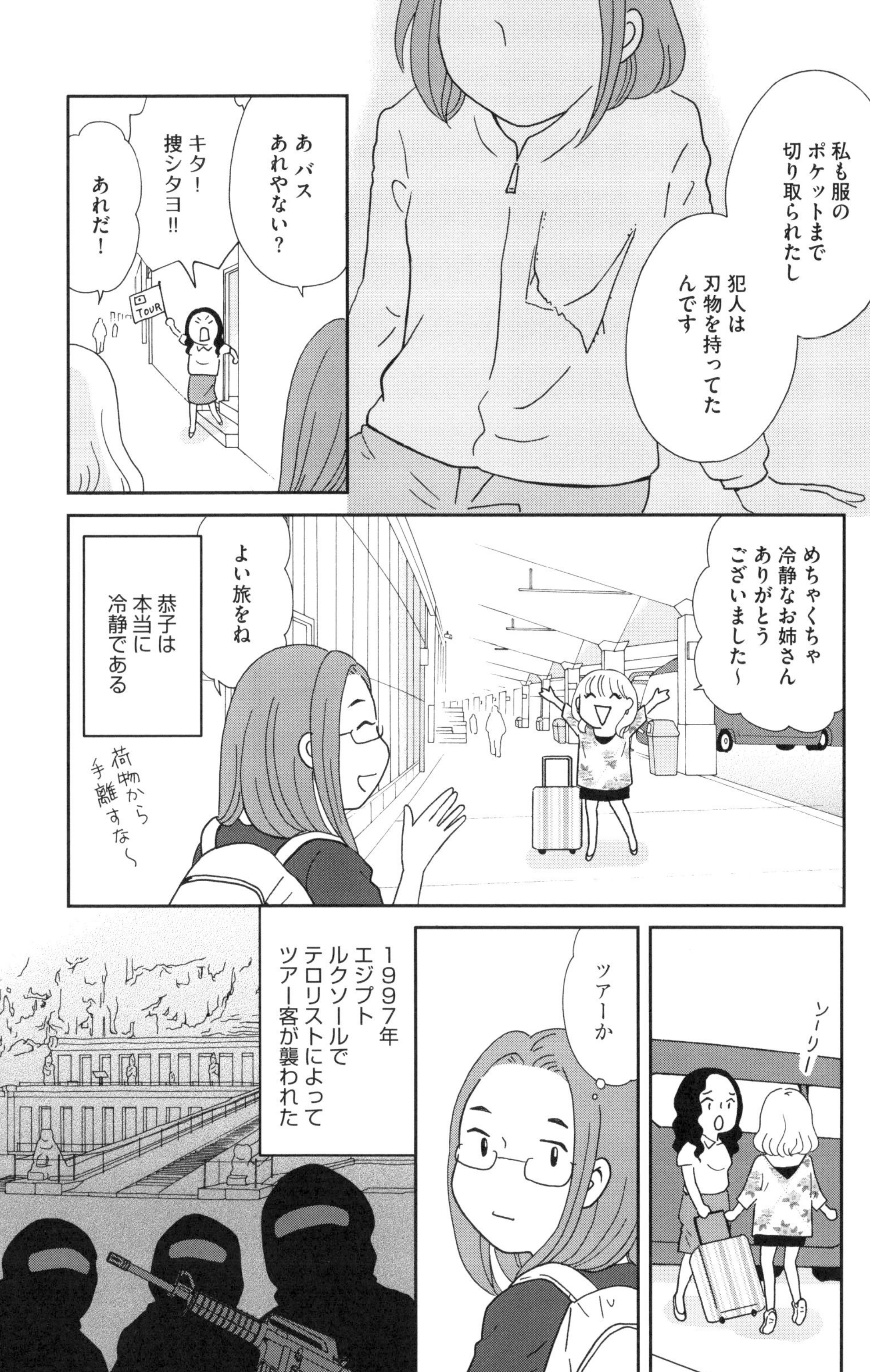
私も服のポケットまで切り取られたし
犯人は刃物を持ってたんです
あ バス あれやない？
キタ！捜シタヨ‼
あれだ！
TOUR
めちゃくちゃ冷静なお姉さんありがとうございました〜
よい旅をね
恭子は本当に冷静である
荷物から手離すな〜
ソーリー
ツアーか
1997年エジプトルクソールでテロリストによってツアー客が襲われた

ひとり旅は
危ないといわれるが
犯罪者にとっては
異分子の集団である
ツアー客のほうが
狙いやすいのだ

事件の時
テロリストの
姿が見えた瞬間

銃社会に住む
アメリカ人客は
逃げて
ことなきを得た

どんな凄腕でも
動いている標的に
命中させることは
困難だ

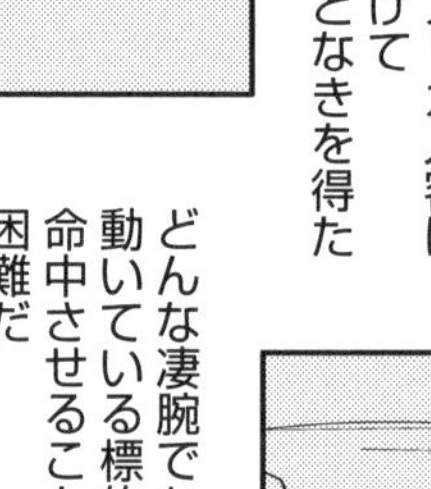

ヨーロッパから
来た客の多くも
転落などのケガを
負いながらも
助かった

ただ
ほとんどの日本人は
至近距離から
頭を撃ち抜かれて
死んだ

でも
私やったら
イチかバチか
逃げた
アメリカ人みたいに
全力で逃げた
首絞め強盗
だけじゃない
恭子は何度も
危機に遭遇しては
冷静に
乗り越えてきた
あの子の旅が
安全でありますように…
その冷静さは
頭というよりは
動物の持つ
生存本能から来る
それ
私のアタマ
あんま
信じられへん
からな

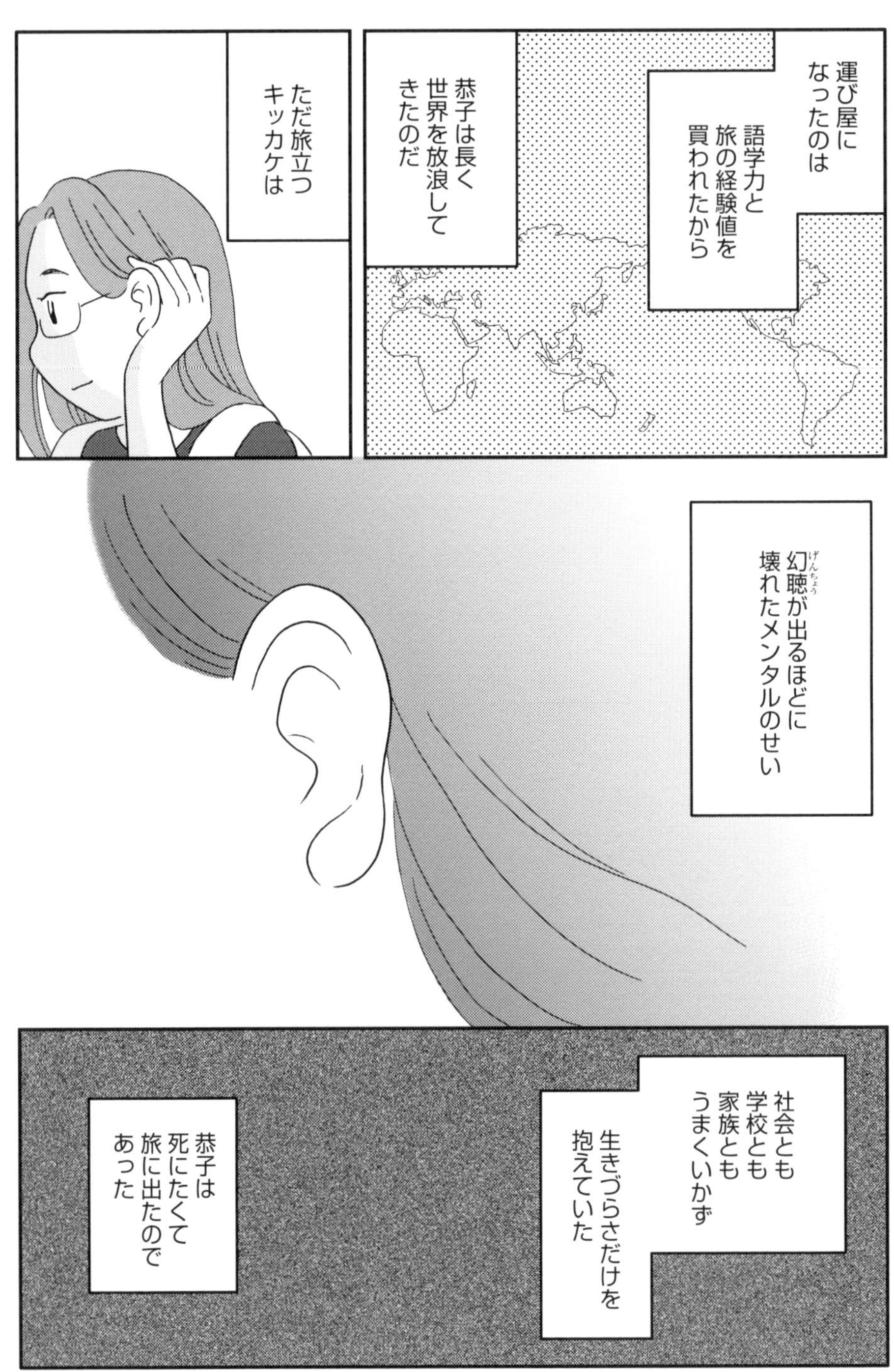
運び屋に
なったのは
語学力と
旅の経験値を
買われたから
恭子は長く
世界を放浪して
きたのだ
ただ旅立つ
キッカケは
幻聴が出るほどに
壊れたメンタルのせい
社会とも
学校とも
家族とも
うまくいかず
生きづらさだけを
抱えていた
恭子は
死にたくて
旅に出たので
あった

メキシコ
とあるホテル
朝ごはん～
Buenos días.
¿Cómo está?
おはようございます
調子はどうですか？
Muy bien.
Gracias.
元気です
ありがとう
ふふ
朝食ビュッフェ♫
仕事で泊まる
ホテルは豪華やな～
バックパッカーの
時とは
大違いや
スペイン語留学や
世界放浪の経験を
買われた
片岡恭子の職業は
タフな運び屋（合法）
かつては
メンタル崩壊して
いたなどと
誰も思うまい
クス
クス
クス
第2話
座敷犬の日々

片岡さんちの娘さん
ひきこもりやって
親不孝やなぁ
なんのために
生きてんねん
外の会話が
こんなにハッキリ
聞こえるはずない
これは
幻聴や…
いい年して
結婚もせんで
でも
聞こえる
しっかり
聞こえる
昔から
おかしかったやん
あの子
確かに恭子は
昔から
規格外だった
恭子ちゃん
おままごと
しよ
こうりつ
ようちえん
今
本読んでる
から…
おままごとのほうが
楽しいやん
なぁ
先生？

せやね みんな一緒のほうが ええね
「和」っちゅうもんが あんねんで 恭子ちゃん
あたし お母さん 恭子ちゃん 赤ちゃん やって
うまく まわりに 溶け込めず
遊びに 誘われるのが イヤで 登園拒否に
小学校 中学校
学校はおもしろく なかったけど 幸い勉強はできた ——が
明日はみんなで 同じ色のリボンに せん？
しよ しよ
アホらし 好きなの したら ええやん
人間関係だけが うまくいかない
なんでやろなぁ がんばってんのに
なに リボンなんか 選んでんの？

色気づいていやらしわ
ついでに母親ともうまくいかなかった
中3の秋父が突然過労で他界
母との関係はますます悪化
ザクッ
痛っ
なにすんねん
あんたお父さんやなくて私が死ねばよかったって思ってるやろ
そんなわけ…
ああこの人が死ねばよかったんだ

うっ
ゲェッ
ゲホッ
毎朝
胃液を吐く習慣は
10年以上も続いた
ここではない
どこかへ
いつも
行きたかった
進学校の高校を
卒業し
東京の大学を
目指したが
受験に失敗
浪人中に
初めての
彼氏ができ
近くに
いなよ
翌年
自宅から
京都の大学に
通うことにするが
大学1年の冬
中絶

術後
トイレで
大量出血
初めて
死を感じ
おか
お母さん…！
恭子
あんたって子は…
なんて
いやらしいの
恥知らず！
初めて
死にたいと
思った
けれど
大学４年生
新しい彼氏
え
母親に？
せや
コップで頭
殴られて
病院行きや
うちの母
きっと
おかしいねん
恭子は
おかしいんじゃ
なくて
おもしろい人で
よかった…
でも世界も
おもしろい
だろうからさ
夏にメキシコ
ひとり旅して
くるよ
へぇ！
これ
スペイン語？
0 cero
1 uno
2 dos
3 tres
4 cuatro
5 cinco
6 seis
20 veinte
30 treinta
40 cuarenta
50 cincuenta
60 sesenta
70 setenta
80 ochenta

そう
数字くらい
覚えて
いかないとね
ウノ
ドス
トレス
えーっと…
クアトロ
シンコ
セイス
なんで先に
覚えてんだよ～
まぐれや
まぐれ！
あはは
この人なら
どこかに
連れて行って
くれるかも
しれない
恭子
絶対
結婚しようね
一緒に生きて
いけるかも
しれない
卒業後
彼は東京で
就職
恭子は
決まっていた
院に進んだ後
大学図書館で
司書に
休みには
必ず上京し
入り浸った

ごはん
食べへんの？
ごめん
外で食べてきた
こんな時間だし
作って
待ってたのに
先に
食べててよ
今日は上司が…
結婚は？
え？
結婚せんの？
私たち
今はおもしろくてさぁ
……
恭子も東京で
仕事探したら？
そしたら
不規則なあんたと
合わなくなる
やんか
1秒でも長く
一緒にいたいねん
彼が
すべてだった
一日中
ひたすら
彼の帰りを
待っていた

もっ
もっ
座敷犬みたいやったなあの頃の私は
休日も盆暮れ正月もクリスマスもバレンタインもずーっとひとりでご主人様の帰りを待ってたなんて
ん？
ぞろっ
What's going on!? どうしたの？
Do you know what happend? 何が起きたの？
I don't know
…でも
防弾チョッキ着てるのはふたりだけやからたいしたことないんと違いますか

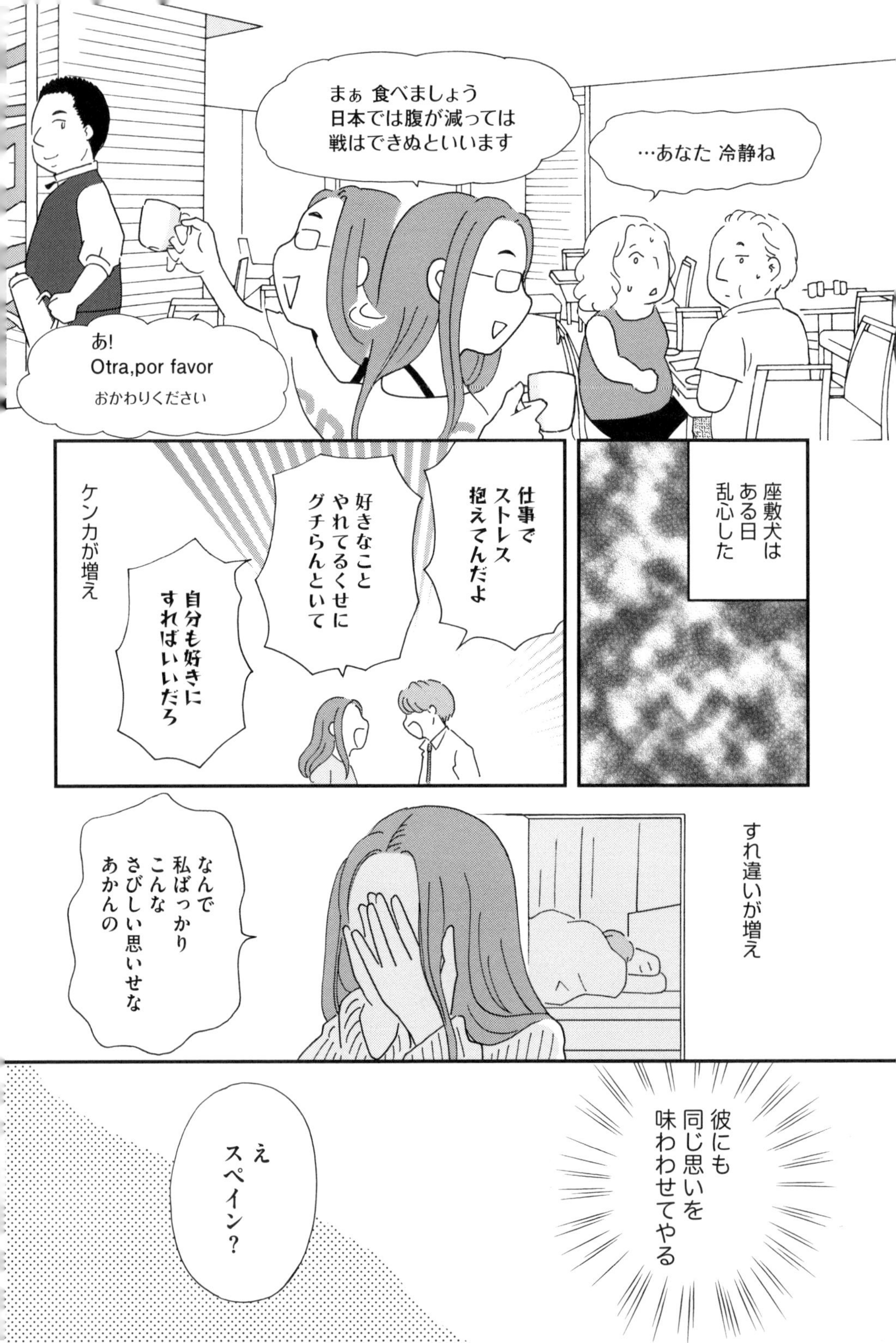
まぁ 食べましょう
日本では腹が減っては
戦はできぬといいます
…あなた 冷静ね
あ!
Otra,por favor
おかわりください
座敷犬は
ある日
乱心した
仕事で
ストレス
抱えてんだよ
好きなこと
やれてるくせに
グチらんといて
自分も好きに
すればいいだろ
ケンカが増え
すれ違いが増え
なんで
私ばっかり
こんな
さびしい思いせな
あかんの
彼にも
同じ思いを
味わわせてやる
え
スペイン?

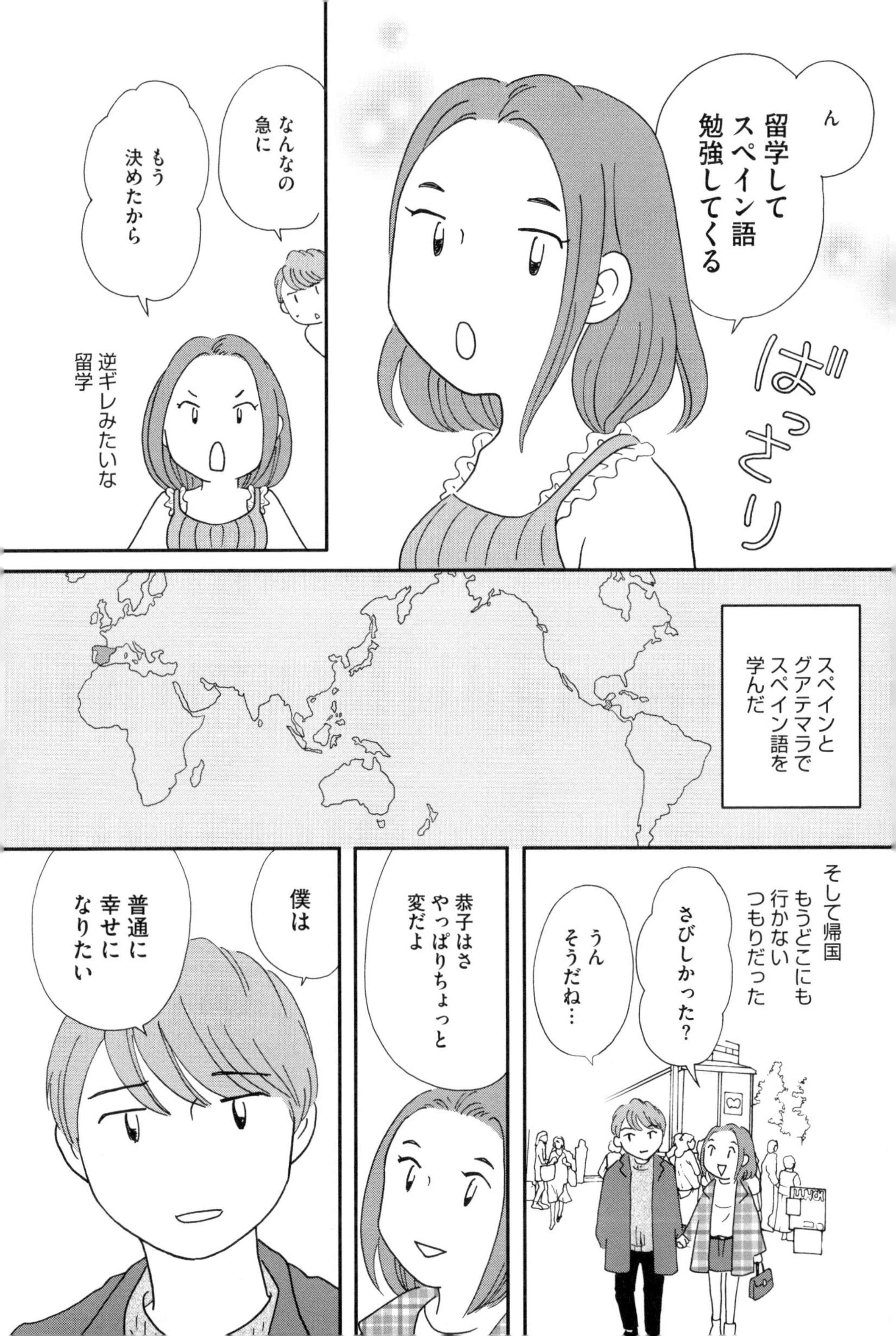
ん
留学して
スペイン語
勉強してくる
ばっさり
なんなの
急に
もう
決めたから
逆ギレみたいな
留学
スペインと
グアテマラで
スペイン語を
学んだ
そして帰国
もうどこにも
行かない
つもりだった
さびしかった?
うん
そうだね…
恭子はさ
やっぱりちょっと
変だよ
僕は
普通に
幸せに
なりたい

さよなら
彼だけが
ここではない
どこかへの
パスポートだった
友達すら
いなかった
実家に戻って
待っていたのは
精神崩壊の
日々だった

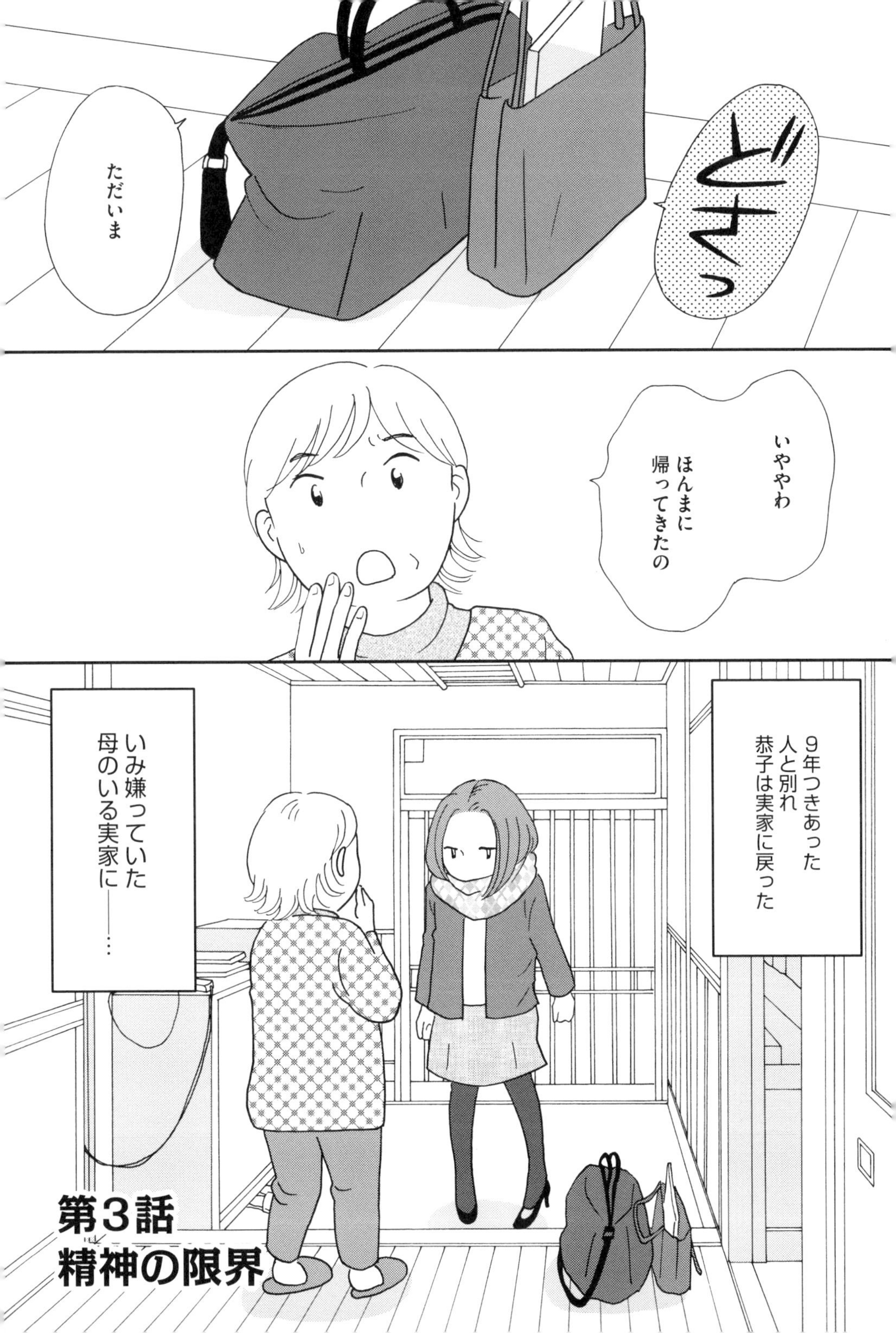
どさっ
ただいま
いやゃわ
ほんまに
帰ってきたの
9年つきあった
人と別れ
恭子は実家に戻った
いみ嫌っていた
母のいる実家に——
…
第3話
精神の限界

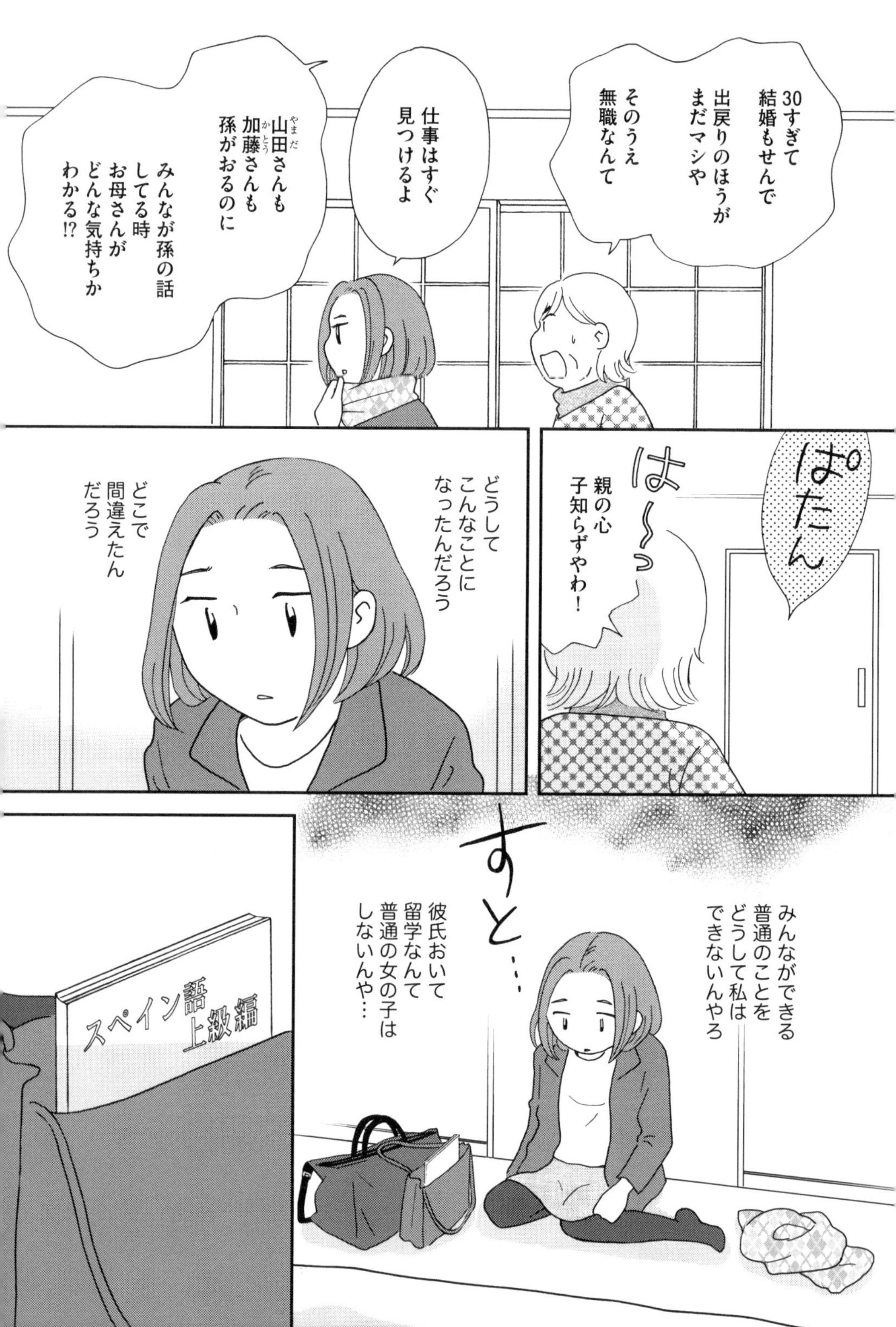
30すぎて
結婚もせんで
出戻りのほうが
まだマシや
そのうえ
無職なんて
仕事はすぐ
見つけるよ
山田さんも
加藤さんも
孫がおるのに
みんなが孫の話
してる時
お母さんが
どんな気持ちか
わかる!?
ぱたん
は〜っ
親の心
子知らずやわ!
どうして
こんなことに
なったんだろう
どこで
間違えたん
だろう
すと…
みんなができる
普通のことを
どうして私は
できないんやろ
彼氏おいて
留学なんて
普通の女の子は
しないんや…
スペイン語
上級編

スペイン語が
いかせる仕事
なんかないわ
このイナカには…
不況の折
ようやく
見つけた仕事は
週末だけの
消費者金融の
受付
片岡さん
スマイル！
お客の緊張
とかんと
はい
とくに
困ってそーな
ヤツには
やさーしくな
すぐに
デカいカモに
なんねんから
ははは
金払いのいい会社で
行き帰りはタクシー
死ぬまで
追い詰めろ
アホが
ほな
また明日
ぱし
パタン

ぼろ
ぼろ

社会って
こんなに
冷たいの

私は
彼のかげに
隠れてて
全然見て
いなかった

これからは
ひとりで
この中を
生きていかな
あかん…

なんとか
仕事には
行ったものの

世の中
弱肉強食や

返済待って
もらえませんか

借りたもん
返さんのかい

だんだん
まばたきが
うまく
できなくなり

風邪（かぜ）でもないのに
微熱が出たり
体中が
おかしい

半年後には
仕事をやめ

まったく
起きあがれなく
なっていた
どうしたんや
私の体
自律神経失調症
医者からは
そんな病名を
つけられた
気がする
おくすり
片岡恭子さま
内服 30日分
あんた
そんなんやから
男に
捨てられるんや
ブッ殺す
ガッ
きゃ
…え？
誰やろ…
きょーこちゃん
あたしは
味方やからねー
きょーこ
ちゃーん
バタ
バタ
あなた誰!?

あれ
もしかして
中学ん時の
同級生の…

きょーこちゃんを
追ってる組織は
あたしを
追ってる組織と
おんなじや

床下から
くるから
2階に
おんのやろ

でも
電柱使って
話しかけて
くんねんで

ちょっと
靴(くつ)…！

きょーこちゃん
あたしのことは
信じてええよ

あんた
何言っとる
んや！

味方やで

ちょっと
誰か！

私のウワサが
こんなに
広まって…

きょーこ
ちゃあああん

う〜っ

情けない

情けない

この事件が
きっかけだったの
だろうか

娘さん
まだ生きとるの?
生きとんねん
しぶといわ
もっと
たくさん
毒盛らな
生かす意味
ないねんから
殺せ
殺せ
誰もいないのに
声が聞こえる
ようになった
これは幻聴や
けど…
あんたなんか
おらんほうが
マシや
毒
毒殺
ごはん
食べちゃアカン
毒入りや
食事もとらず
入浴もせず
寝ても
覚めても
罵詈雑言(ばりぞうごん)を
聞きつづける日々

衰弱し
通院も
死ぬことも
できない
あまりにも
つらくて
この頃の記憶は
ほとんどない
お母さん
どこでもいいから
精神病院に
入院させて
限界がきた日
以外の記憶は
入院すると
決めてからは
不思議と
幻聴が減った

薬漬けとか ずっと出て こられへんとか
私も そうなるん やろか
カチ
それでも かまへんか…
2001年 9月11日
なんの 落ち度もない 人たちが
不条理に 命を奪われて いた

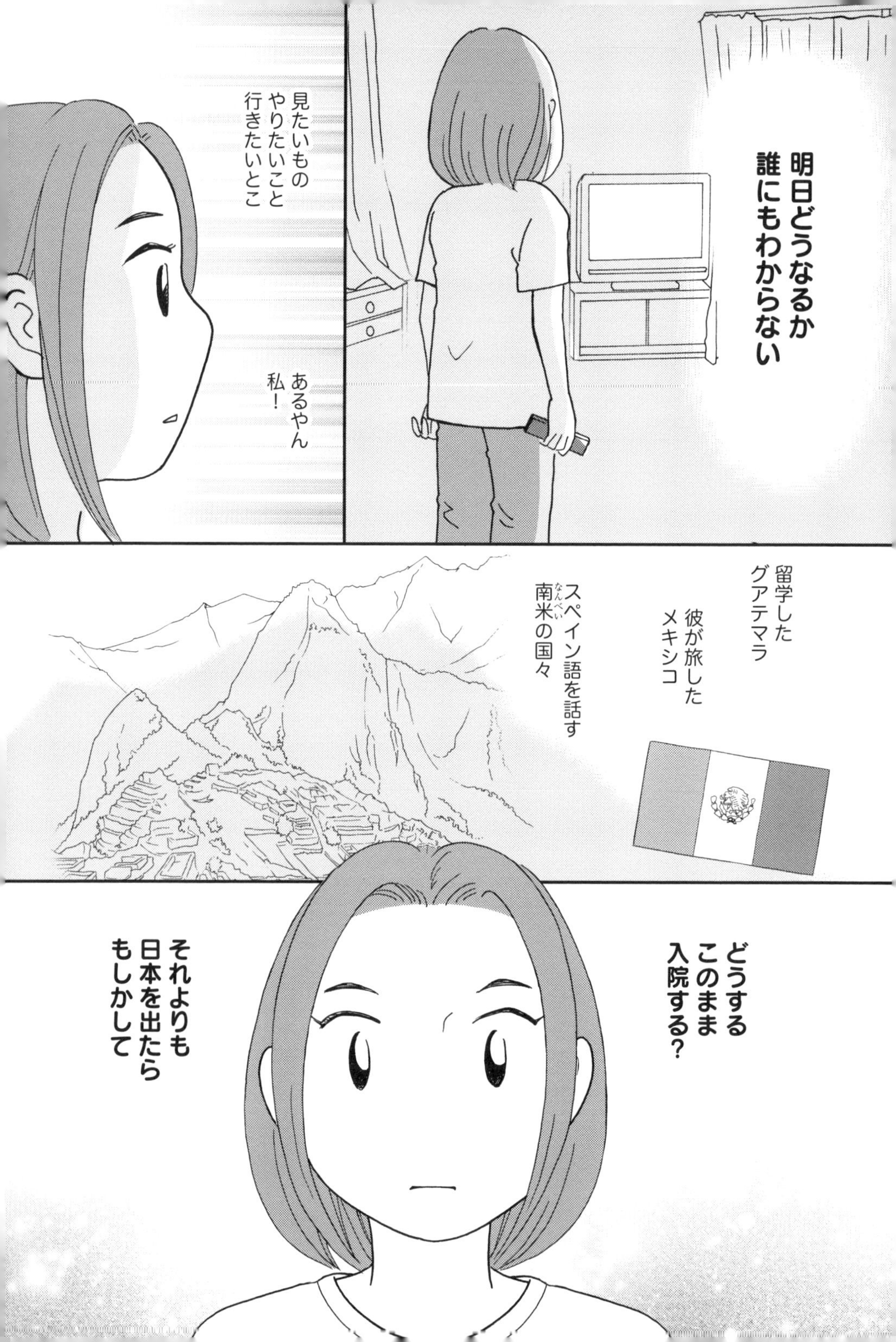
明日どうなるか
誰にもわからない
見たいもの
やりたいこと
行きたいとこ
あるやん
私！
留学した
グアテマラ
彼が旅した
メキシコ
スペイン語を話す
南米（なんべい）の国々
どうする
このまま
入院する？
それよりも
日本を出たら
もしかして

また
殺人現場の写真が
カバーや
えげつな～
人間の胴に
豚の頭がのせてある
↓
TABLOID
こんなん
ばっかやな
メキシコは
あれ？
片岡さん？
運び屋の
片岡さん
ですよね？
私いつも
荷物を
受け取っていた…
ああ！
どうしたん
ですか？
こんなとこで
実は日本に
帰るんですよ
本社勤務に
なるんですか？
今
希望出してる
ところですが
この間行った
病院で
銃撃戦があって
もうほとほと
メキシコが
イヤに
なりまして…
ギャ～
BABABABA

あははは
マフィアが入院してたんですかねぇ

笑いごとじゃないですよ～

パパー

あ…では
ほんとにお世話になりました

こちらこそ

テレビを見た
あの後
飛行機に
飛び乗った

旅の途中で
死ねるかもと
心のどこかで
思いながら

タンゴ発祥の地
アルゼンチンの首都
ブエノスアイレス
第4話
アンデスで遭難
(アルゼンチン)
数々の映画の
舞台となった
ヨーロッパ風の街並みは
「南米のパリ」ともうたわれ
世界最大級の
サッカースタジアムや
おしゃれな
ナイトスポットなど
新旧の魅力を
つめこんだ大都市
そのブエノスアイレスの
世界で2番目に美しいと
いわれる書店のカフェで
運び屋の仕事を
終えた恭子は
優雅にお茶を
楽しんでいる
フライトは
36時間かかったし
El Ateneo
El Ateneo
Grand Splendid

道中は
優雅でも
ないけどね
空港で
ワイロ要求
ふつうに
両替すると
大損
公的レートと
闇レートで
かなり差がある
南米のパリも
やはり
ラテンアメリカ…
ケチャップ強盗
拭いて
あげる
あーあ
ゴミあさる
妊婦
さーて
夜ごはんは
どうしよう
パリジャーダ?
ちなみにコレは
エンパナーダ
パン生地
フィリングは
鶏肉・牛肉etc
お昼に食べた
チョリパン
もう1回
食べてもいいな
世界51カ国で
あらゆるものを
食べてきた恭子が
最もおいしいものの
ひとつにあげるのが
アルゼンチンの牛肉
パリジャーダ
サーロイン
骨つきリブ
内臓・ソーセージ
etc
焼き肉の盛りあわせ
ソウルフード
チョリパン
チミチュリソース
たっぷり
酢・油
ニンニク
オレガノ
etc
ものすごく
レベルの高い
ホットドッグ
別格の
うまさ
辛くない
チョリソ
トマト・レタス・ソースetcはセルフで
南米一周を
始めた当初は
ゆるベジタリアン
だったのに
食べられる
けど
あんまり
好きじゃ
ない…
宗旨替えさせた
うまさなのだ
旨あ
アサード(焼肉)
ステーキや
バーベキュー
etc
アルゼンチン人は
年間110キロの
肉を食う…
日本にあんまり
入ってこないのは
アメリカの
陰謀やと思う
アメリカンビーフ
as No.1!

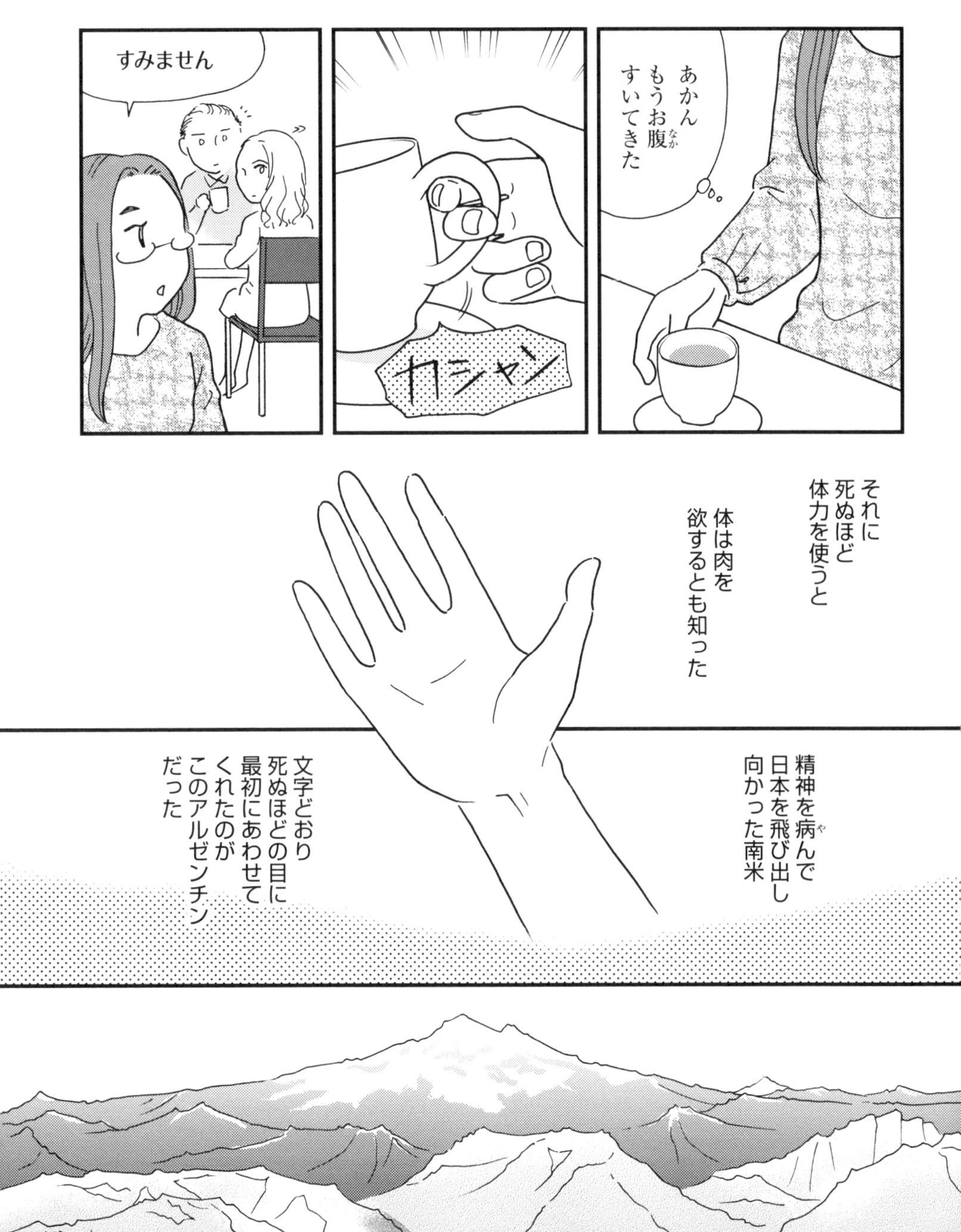
あかん
もうお腹すいてきた
カシャン
すみません
それに
死ぬほど
体力を使うと
体は肉を
欲するとも知った
精神を病んで
日本を飛び出し
向かった南米
文字どおり
死ぬほどの目に
最初にあわせて
くれたのが
このアルゼンチン
だった

2002年 4月
ナウエル・ウアピ国立公園
わぁ
きれい
期待以上
やわぁ
晴れて
よかった
その頃は
チリで出会った
日本人男性と
トレッキングの
旅をしていた
テントは
尾根くだってから
張るけど
まだ体力ある？
あるけど…
もう
おりるの？
山の日暮れは
早いからね
8年も
旅をしている彼は
よき先生だったし
久々に誰かに
甘えられるのも
うれしい
ガレ場は
かかとから
足つけて
はーい
旅をしたら
日本でうまく
いかなかったこと
すべてを保留にできた

翌朝
どんより
あーあ
今日は
くもりやねぇ
まー
しゃーない
NUTS
風も
あるなぁ
パタゴニア
だからね
アルゼンチンと
チリにまたがる
パタゴニア地域は
世界イチ
風が強い場所
ビュウウッ
!!
大丈夫
なんかな
身を低く
風がやんだ隙に
駆け上がろう
バチ
バチ

ビョオオオオオオ
ただのパタゴニアの強風やろか
自分でも天候チェックすればよかった
雪や！吹雪になるんちゃう⁉
ここから山小屋まで3時間くらいだから
急ごう
服の下にも靴の中にも雪が浸み込み
まつ毛にも積もった
ねぇ あとどのくらい⁉
この湖を半周すれば…

道がない
違う
ロック
クライミングや
ちっ
恭子ちゃん
登れる?
行くしか
ないやん

ホールドは
白人男性の
体にあわせて
うがたれていた
降り出して
2時間で
雪はヒザまで
積もっている
俺でも
ムリだ…
…
いったんおりて
!
ズル
バシャン
あー
どうしよう
見てないで
さっさと
ひきあげなさいよ

テントと寝袋がなかったら死ぬやん
そ…そっか
叫(さけ)んだ瞬間主導権は恭子にうつった
飛ばされんように重しのせて
ゴオオオオォ
ガタガタタ
ぎゅっ
この人は助けんと
絶対死なせない

レンジャーに
助けられたのは
その直後
山小屋に
たどりついた時には
すべての感覚を
失っていた
脱ぐんだ
イヤ やめて!
濡れてない!
びしょ濡れなんだ
わからないのか
あと3時間
遅ければ
死んでいたらしい
ほら スープだ
あったまるぞ
ず…
スープを
ひとくちすすったら
震えがきた
ぶるっ
ひどい低体温に
陥っていたのだ
体温を
あげるために
体は勝手に
震える

私──
旅の途中で
死ねたらな
なんて
思ってたのに
とっさに
生きようとした
生かそうとした
これが
生存本能って
やつやろか
意思とは無関係に
歯を食いしばって
生きてしまう
意識も
朦朧(もうろう)としたまま
恭子は
3日間
眠りつづけた

あの時
手足の指
1本残らず
凍傷に
やられた
右手の
人差し指は
今でも痺れている
あのスープにも
肉が入って
いたような
行く道を
自分で選んで
血肉となる
ものを食べて
恭子の人生は
ここから
再生したのかも
しれない
よし
今夜は
がっつり
アルゼンチン牛
ステーキ！
人差し指は
生きてる証し

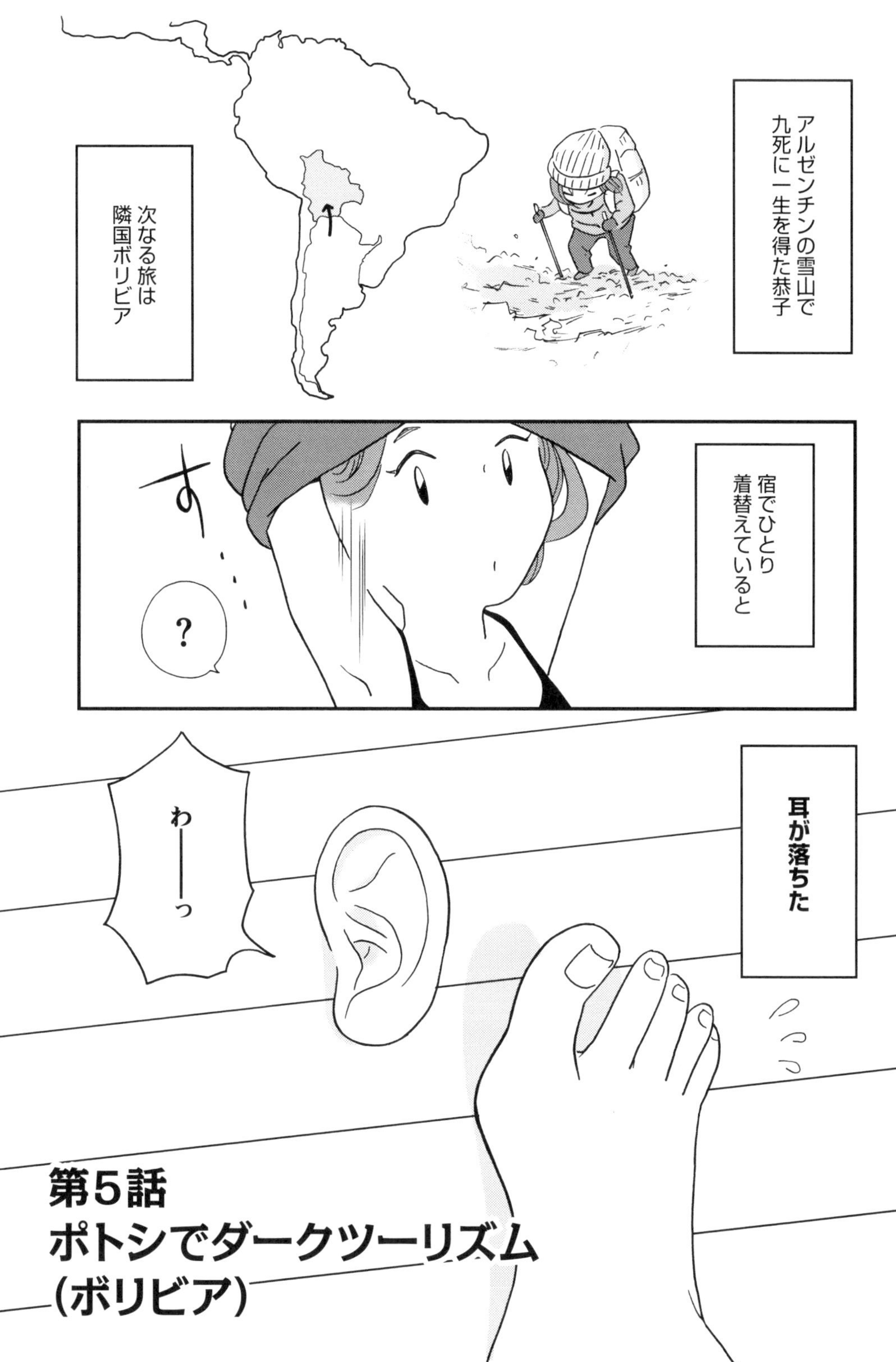

第5話 ポトシでダークツーリズム(ボリビア)

なっ!?
ぎゃー
べっとり
いやっ
耳はある…っ
あった…
ってことは
アレは…
日焼けで
むけた皮…
ひゃあ
気持ち悪いっ
ガサッ
ガサって…
重み…!
ボリビアの首都
ラパスは世界一
標高が高い首都
憲法上の首都は
スクレ
富士山
3776m
ラパス
3640m
強い紫外線と
寒風に
暑い
日なた
寒い
日かげ
子どもの
頬すら
かさつき
かさ
かさ
一日中
路上にいる
靴磨きたちは
目だし帽を
かぶるほど

ちなみに現在の恭子の旅スタイルはこの時より軽装だが
持ち物は松尾芭蕉とほぼ同じ
パスポート
財布
洗面用具
3日分の着がえ
エコバッグ
折りたたみ傘
スマホ
日焼け止めだけはマストである
美容やないねん
耳が落ちんねん
明日はもっと高い所に行く予定…
日焼けももちろん
高山病にも気をつけな
金持ちは低地に住み貧乏人は酸素の薄い高地に住むって聞いたけど
どんな所やろなぁ
翌日
標高4067メートル
ポトシ銀山

スペイン植民地時代
銀鉱脈が発見されると
スペインは
銀を掘りつくして
本国に運んだ
奴隷として
多くの先住民が
酷使され
800万人が
死んだという
現在のポトシ市街は
世界遺産
※ダークツーリズムの
観光地となっている
※災害被災地・戦地など
人類の死や悲劇の跡地を
目的とした旅のこと
今回は
現在もスズなどを
採掘している
坑道を見学する
ツアーに参加
坑道の中
さらに酸素
薄そうやなぁ…
ずーん
↑高山病で頭痛
Hi!
ツアーってどのくらい
時間かかるのかしら?
あなたはお昼 食べた?
Yes
食べたほうがいいのかしら
でもボリビアって
おいしいものないのよね
ゼロですね…
あ フリカセの屋台!
フリカセはおいしいよね!
やめたほうがええですよ
脳に寄生虫がわいて
死んだ人がおる
らしいから
!!
フリカセ
南米の屋台
大鍋料理には
要注意
豚肉の煮こみ
なくなってくると
つぎたすので
生煮えにあたる
可能性がある…

Hello everyone!
ツアー参加の方は
集まってください
まず高山病予防に
コカ茶をどうぞ
これは
大丈夫?
大丈夫!
いわずとしれた
コカインの原料
コカの葉
現地では
お茶として
飲んだり
青くさいにおい
嗜好品としてかんだり
バッタの味
むぐむぐ
昔から人々の
身近にある
ハーブだ
それから坑夫への
お土産として
コカの葉 お酒 タバコ
ダイナマイトを
買ってもらいます
RIOMAX
IBO
96°G.L
いろいろ渡さな
あかんのね
ツアー代
払ってるのに
では
着替えた人から
Let's go!
今日はよろしく

買ってもらったお土産は
毎週金曜日
守り神ティオに捧げられます
！
捧げもの
やったのか
ポトシには
カトリックの
教会がたくさん
あるし
あの人なんか
十字架
下げてるけど
スペイン以前の
土着の神と
共存してるんやな
くちゃ
くちゃ
ポトシの男はみんな
13歳から鉱山に入り
50歳まで働きます
一度 坑道に
入ったら8時間
飲まず食わずです
ずっとコカ
かんでるのは
そのせいか
空腹や疲れを
紛らわすため
ドオーン
ダイナマイトの音です
すごい音!
ここは平気!?
お客さんは浅い所までしか
いかないので安全ですよ
!!!
Kjaer!!
Wow
!?

それに
恐怖を忘れる
ためにもコカが
事故で
亡くなる人は
数知れないと
いう
アスベストのつらら
息苦しいのに
タオルはずせない
50歳で退職しても
みんな肺をやられていて
命は短い
スペインに
征服される前は
どんな暮らしを
してたんやろ
すごいなぁ
絶対こんな所で暮らせないよ
Oiga
ガイドさん
ここでの生活ってどう?
そりゃあ
幸せにきまってますね
家族や友達と
今日を楽しくすごせたら
それが明日の希望になる
愛する人たちと
幸せに暮らすために
人間は生きてる
私たちはみんな
人生を楽しんでいます

日本人は仕事のために
死ぬって本当ですか?
そっか
そうやね…

過労死や
過労自殺の
こと?
どうしてそんなに?
仕事するために生まれた
わけじゃないのに

日本には

やればできるとか
成功への道とか
家族も友人も
そっちのけで
際限ない戦いに
駆り立てられてる
人がたくさんいる

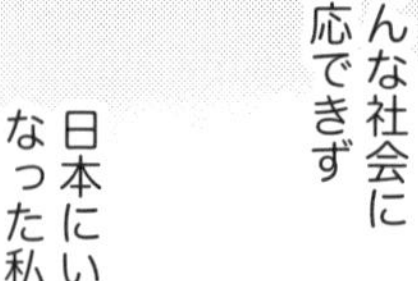
そんな社会に
適応できず
日本にいられなく
なった私は

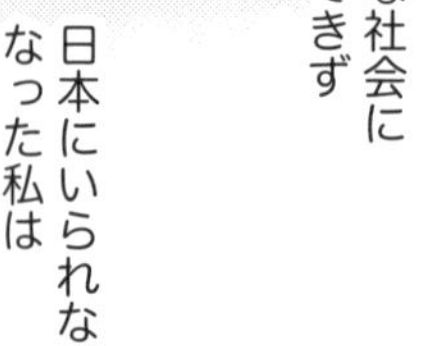

誰と何を
比較することもなく
ひとところに留まって
日々の幸せを享受する
ポトシの坑夫が
ただうらやましい…

ボリビアで有名な観光地といえばなんといってもウユニ塩湖
もちろん行った
美しかった
感動した
しかし恭子に大きな印象を残したのは
ポトシの人々なのであった
そして恭子はまた次の国へと移動する

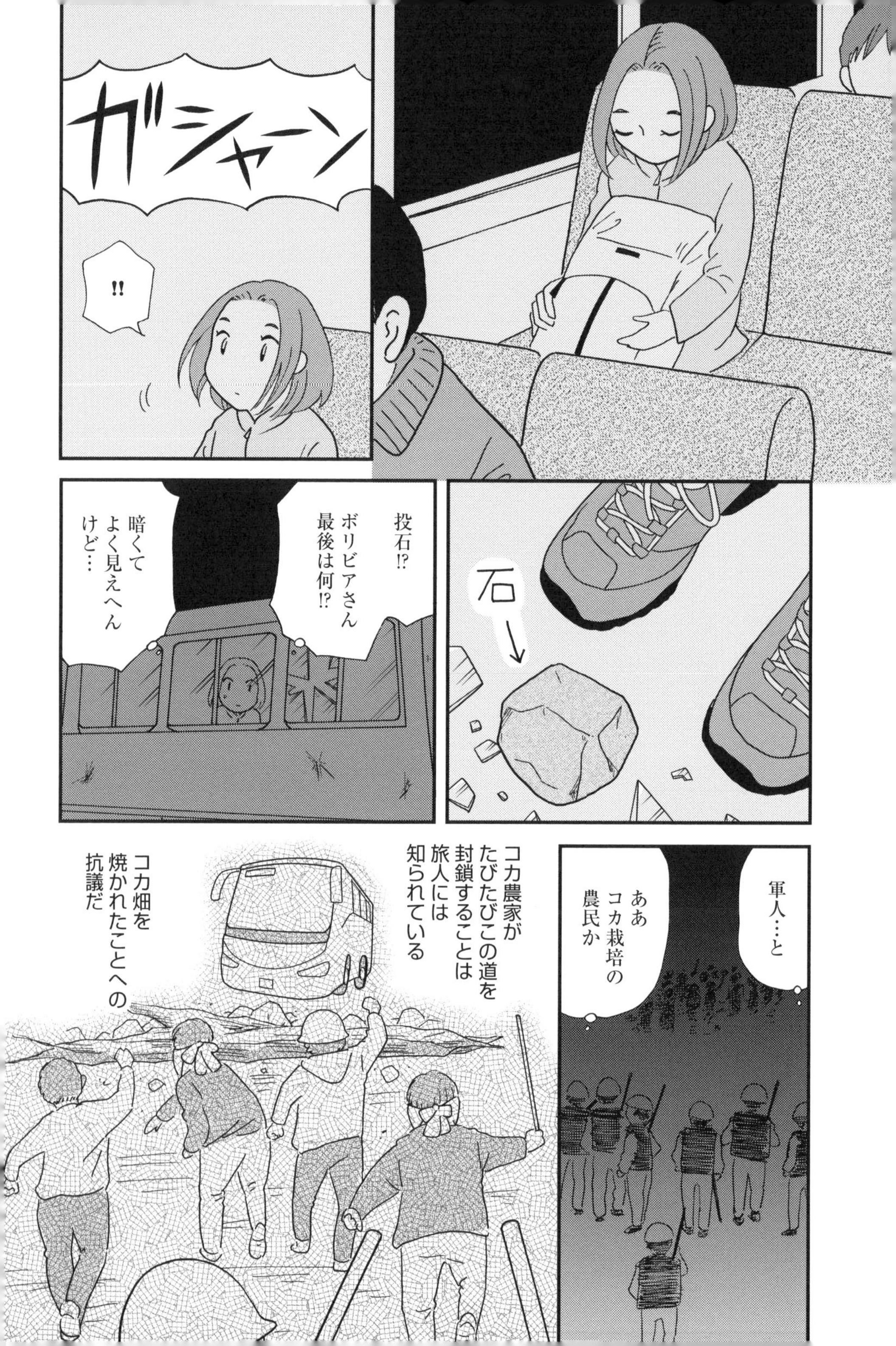

ガシャーン
!!
投石⁉
ボリビアさん最後は何⁉
暗くてよく見えへんけど…
石
軍人…と
ああ
コカ栽培の農民か
コカ農家がたびたびこの道を封鎖することは旅人には知られている
コカ畑を焼かれたことへの抗議だ

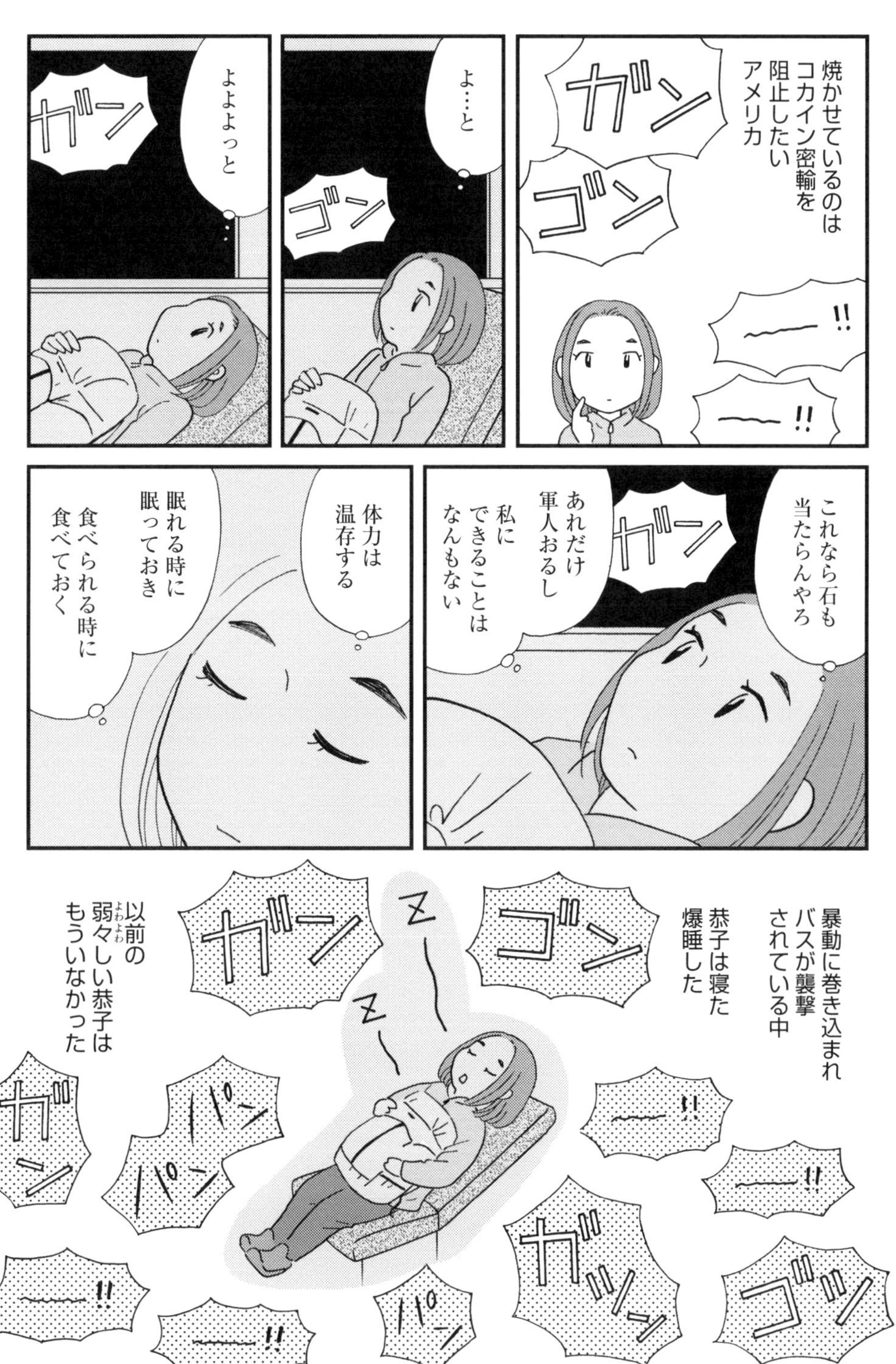
焼かせているのは
コカイン密輸を
阻止したい
アメリカ
ガン
ゴン
——!!
——!!
よ…と
ゴン
よよよっと
ガン
これなら石も
当たらんやろ
ガン
あれだけ
軍人おるし
私に
できることは
なんもない
体力は
温存する
眠れる時に
眠っておき
食べられる時に
食べておく
暴動に巻き込まれ
バスが襲撃
されている中
恭子は寝た
爆睡した
ゴン
Z
Z
ガン
以前の
弱々しい恭子は
もういなかった
——!!
——!!
ガン
パン
パン
ガン
——!!
——!!
パン
ガン
ゴン

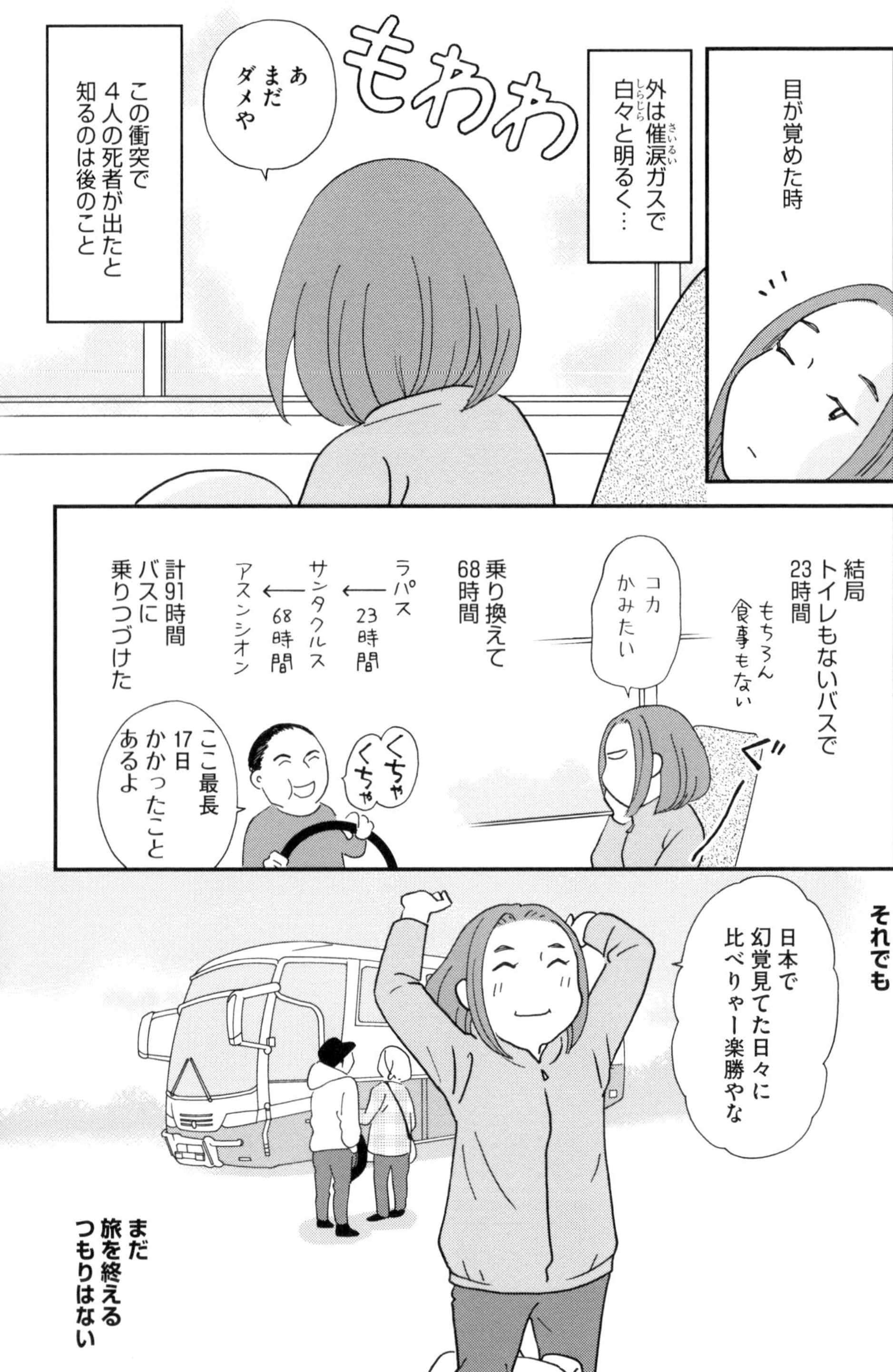
目が覚めた時
外は催涙ガスで白々と明るく…
もわわ
あ まだダメや
この衝突で4人の死者が出たと知るのは後のこと
結局トイレもないバスで23時間
もちろん食事もない
コカかみたい
乗り換えて68時間
ラパス ←23時間― サンタクルス ←68時間― アスンシオン
計91時間バスに乗りつづけた
くちゃくちゃ
ここ最長17日かかったことあるよ
それでも
日本で幻覚見てた日々に比べりゃー楽勝やな
まだ旅を終えるつもりはない

2001年に日本を飛び出し南米をまわる恭子

スペイン
チリ
アルゼンチン
ウルグアイ
パラグアイ
ボリビア
ペルー

ペルーに入った頃には1年がすぎていた

ここはクスコの日本人宿

しっかしどこ行ってもおるなー日本人

第6話 アマゾンで食中毒（ペルー）

旅人にさほど優しくない南米において

治安悪い
航空券高い
食事が合わない
言葉のカベ
英語通じない

日本人が経営する宿はバックパッカーのちょっとしたオアシスだ

しかし ひとくちに
旅人といっても
いくつかのタイプがいて
その①
健全タイプ
世界一周中
です♪
帰国後を
見定めた旅
3年で帰れば
再就職可能
結婚
子育てのため
30才には帰国
カップルも多い
ネットで
旅日記更新
カタカタ
私もやってるけど
この人たち
部屋から出て
こなかったり
するよな…
旅の目的は
ホームページ？
※当時はまだブログも
インスタもなかった
卒業旅行の大学生
その②
不健全タイプ
社会不適合な
感じ…
ゲップ
観光するでもなく
ひとところに
長期沈没
宿でボーッ
PERÚ
日本人宿でも
嫌われ者
日本の朝ドラ
突然
僕のお母さんは
僕のことを
ちっともかまって
くれません
でしたーーっ!!
びくっ
私は
どっちでも
ないけど
①が②を
見下してんのは
腹立つねん
あいつ
やべー
人生
おわってる
あのー
そして
その③
ドミトリー
今日から
同じ部屋です
よろしく
お願いします
ひと目でわかる
この人ウツや
心を
病んでる
タイプ

よろしくです
私ケガしちゃって
長期滞在中
なんですよ
あらー
大丈夫ですか
ひねった
自分と
同じニオイのする
この年上の人と
なるべく長い時間
一緒にいようと
思ったのは
何かの知らせ
だったのか
ゆかりさん
私ウツ
やったんですよ
えっ
私も…！
それで
会社を辞めて
思い切って
ずっと来たかった
マチュピチュに
そっかぁ
今日は
楽しめると
いいですね
ありがとう
行ってくるね
翌日
彼女は大満足で
帰ってきて
帰国する時も
まぁ
なんとか
なりますから
うん
そうよね
恭子ちゃんの
おかげで
いい旅になった
本当に
楽しかったよ

しばらくして
送ったメールの返信は
空メールだった
数日後
もう一度送ると
宛先不明で戻ってきた
MAILER-DAEMON@
死ぬ気で
旅に出て
そして
本当に…
最初から
決めてたんや
誰にも
止められ
なかったんや
ゆかりさん…
最後に
笑った相手は
私やったんかなぁ…

彼女はいなくなり
私は旅を続けている
アマゾン陸の孤島
イキトス
カメとか
ジャングルフルーツとか
アロワナとか
見たことないものばっかかや
カラスじゃなくてハゲタカがゴミっついてる!!
船はいつ出ますか?
さぁお客が集まったら
あ…そーでっか
ほな市場であそぼ…
実際に出港したのは3日後で

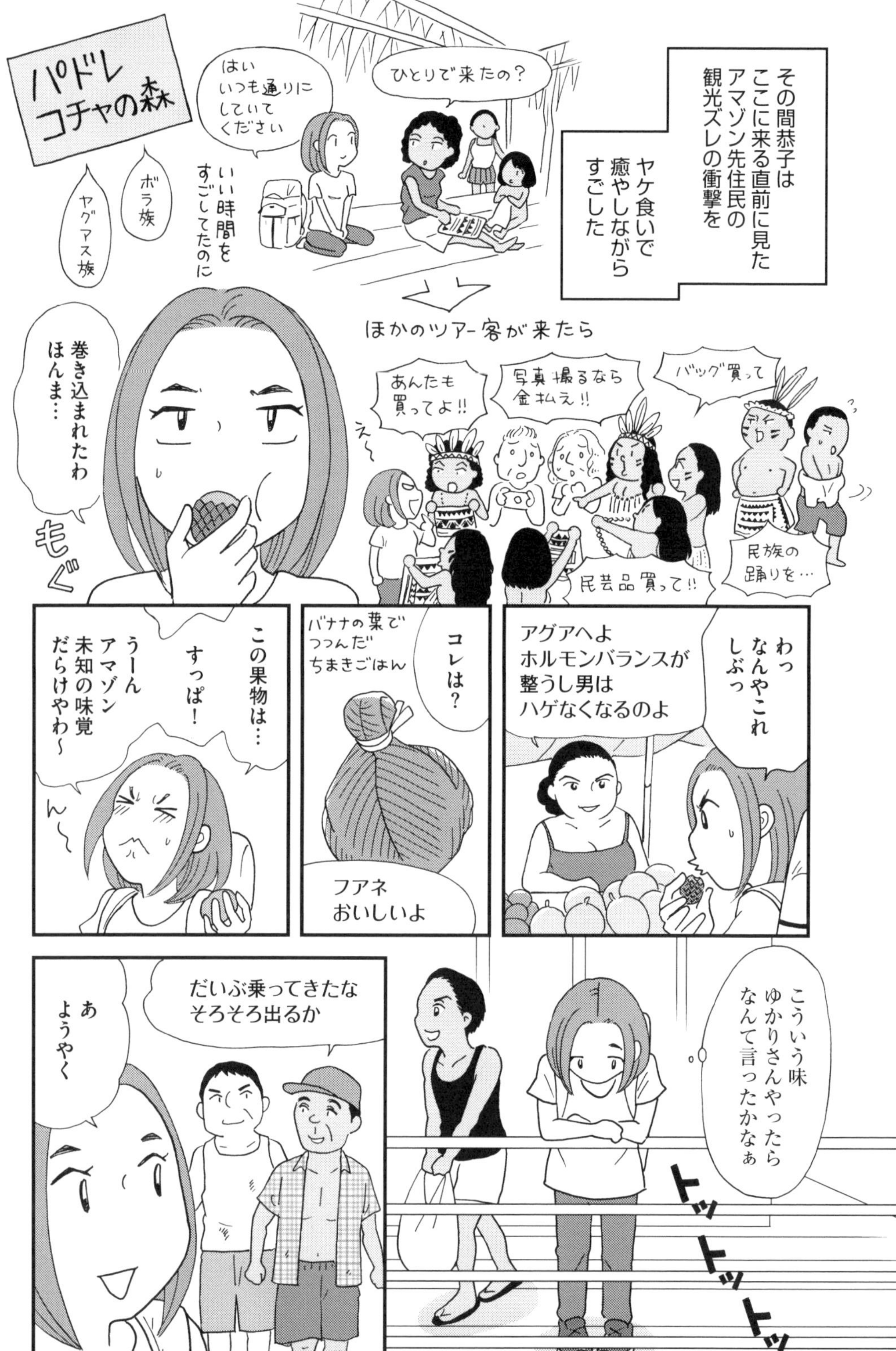
パドレ
コチャの森
その間恭子は
ここに来る直前に見た
アマゾン先住民の
観光ズレの衝撃を
ヤケ食いで
癒やしながら
すごした
ひとりで来たの?
はい
いつも通りに
していて
ください
ボラ族
ヤグアス族
いい時間を
すごしてたのに
ほかのツアー客が来たら
バッグ買って
写真撮るなら
金払え!!
あんたも
買ってよ!!
え〜
民族の
踊りを…
民芸品買って!!
巻き込まれたわ
ほんま…
もぐ
わっ
なんやこれ
しぶっ
アグアへよ
ホルモンバランスが
整うし男は
ハゲなくなるのよ
コレは?
バナナの葉で
つつんだ
ちまきごはん
フアネ
おいしいよ
この果物は…
すっぱ!
うーん
アマゾン
未知の味覚
だらけやわ〜
ん〜
こういう味
ゆかりさんやったら
なんて言ったかなぁ
だいぶ乗ってきたな
そろそろ出るか
ぁ
ようやく
トットットットッ

ん？
吐瀉ーーッ
うそ あたった…!?
あの果物？
すっぱかったのは腐ってたんか！
そういう味かと思った…!!
どうしよう降りたほうが…
でも3日も待ったんやし
よ〜し 出港!
としゃーっ としゃーっ
ボーーッ
うっ
最悪のタイミングで船が出た
ハァ…
うう…荷物を…

アマゾンの船はすべて泥棒船だ
現地人も外国人も病人も
隙があればなんでも盗まれる
キリ!!
…!
胃が空になると下痢が始まった
BAÑO
BAÑO
体験したことのない腹痛と強烈な寒気
大丈夫か?これを塗れ
…メントールバーム
なんか効くかーい
あそ
だんだん会話する余裕もなくなり
血便が出はじめ
そのうち出すものがなくなって

もう力も入らない
目もかすんできた
ここで死ぬのかもな

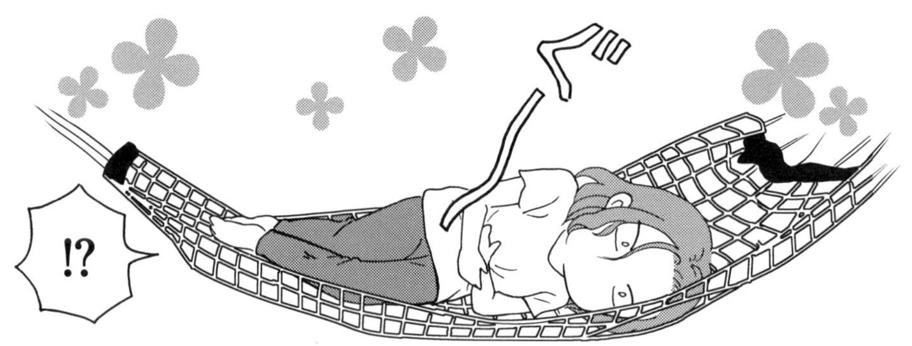
!?
ぐぎ

剥がれ落ちた
腸の粘膜が
再生しようと
栄養を求めていた
よろ…
人体…
すごっ！

…あかん
やっぱ
立てへん
へなっ
あんた病気なんでしょ
食べ物持ってきてあげるから
横になってな

みんな
気にかけて
くれてたんか

優しくない
人なんて
きっといない
はい
どうぞ

豚肉の
雑炊

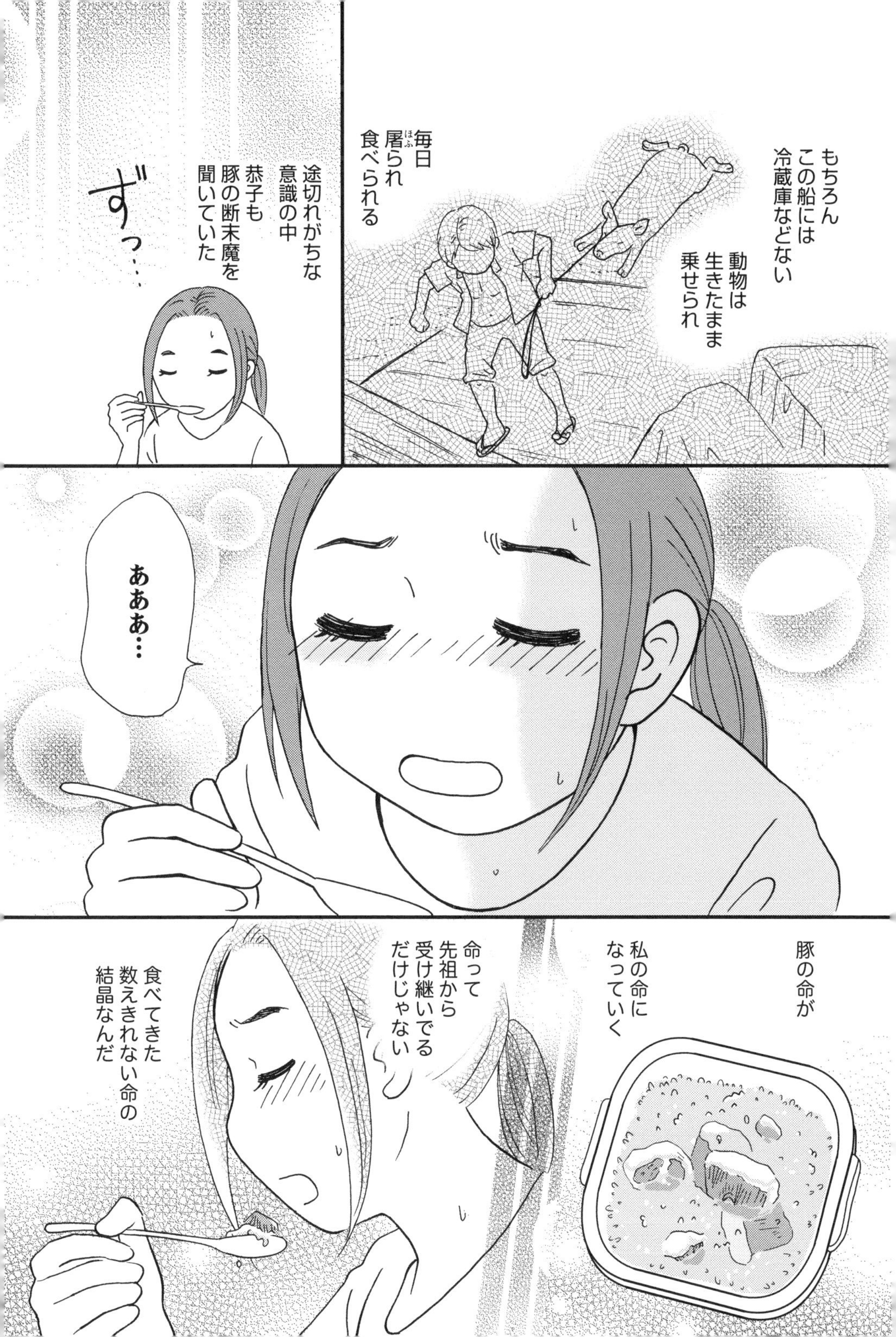
もちろん
この船には
冷蔵庫などない
動物は
生きたまま
乗せられ
毎日
屠(ほふ)られ
食べられる
途切れがちな
意識の中
恭子も
豚の断末魔を
聞いていた
ずっ…
あああ…
豚の命が
私の命に
なっていく
命って
先祖から
受け継いでる
だけじゃない
食べてきた
数えきれない命の
結晶なんだ

私は…
私は途中で
絶たないでいるね

ゆかりさん――…

この時の豚ほど
おいしかったものは
後にも先にもない

それからの
回復は
劇的だった

とはいえ
血便が
止まったのは
ユリマグアスで
抗生物質を
買ってから

イキトス
3日間
←
ユリマグアス

その後
下痢が治るまで
1カ月

食べたものが
1時間で
そのまま
出てきてしまう

普通の便が
出るまで
3カ月

おおお
完ぺきな形

見どころ満載
美女わんさかの
ベネズエラは
ミスコン優勝者
多数輩出
テーブルマウンテン
ロライマ山
しかし
旅人には
評判が悪い
治安の悪さ
だけでなく
チーノ
"中国人"のイミ
チン
チョン
チャン
アジア人への蔑称として
使われる
うっさいわ
南米でもっとも
アジア人差別の
ひどい国だからだ
そんなベネズエラに
入ってわずか9日目で
軍に拘束された
恭子——…
鬼神
第7話
ギアナ高地で拘束
(ベネズエラ)

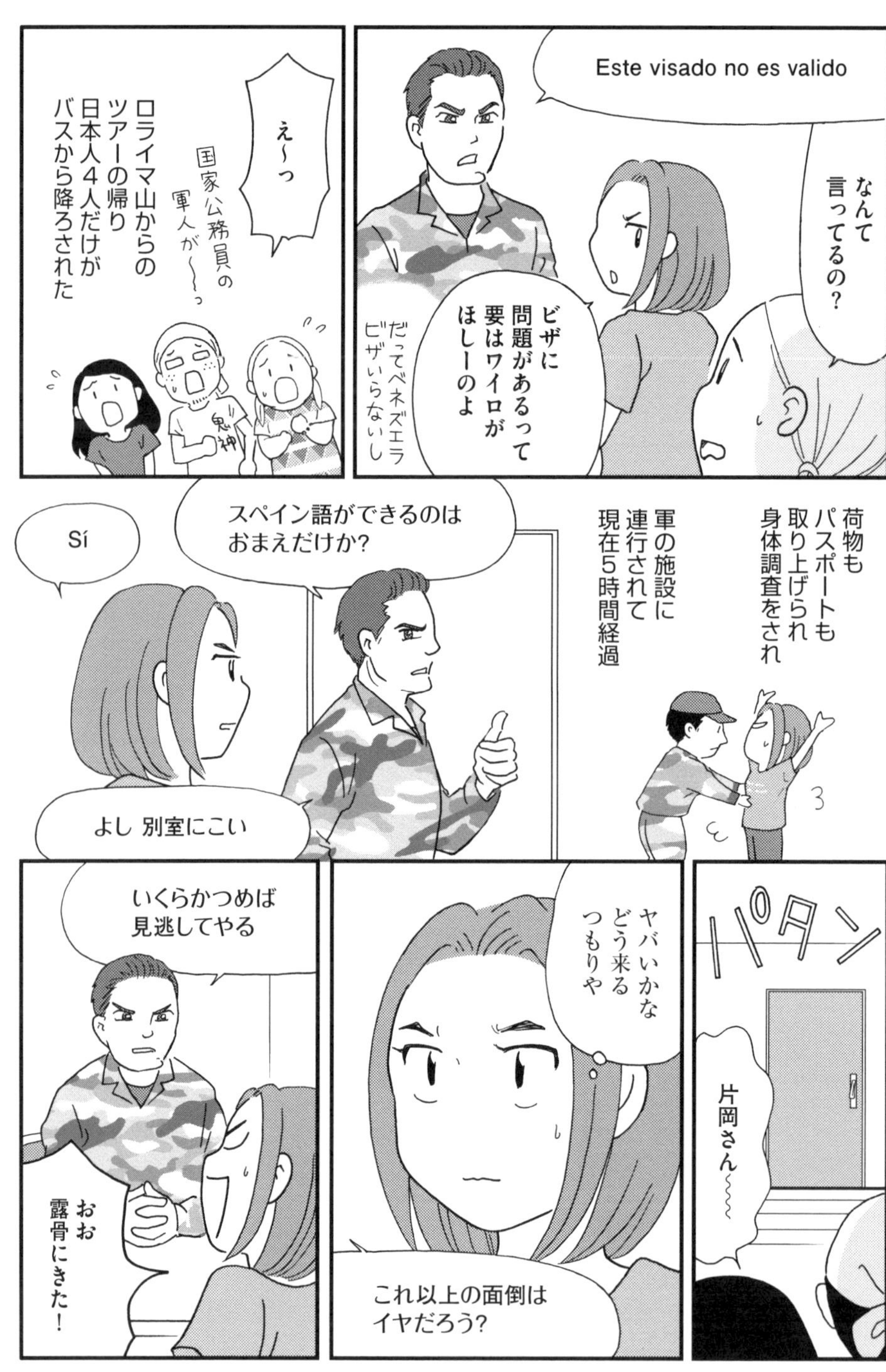
Este visado no es valido
なんて言ってるの?
ビザに問題があるって要はワイロがほしーのよ
だってベネズエラビザいらないし
ロライマ山からのツアーの帰り日本人4人だけがバスから降ろされた
え〜っ
国家公務員の軍人が〜〜っ
鬼神
荷物もパスポートも取り上げられ身体調査をされ
軍の施設に連行されて現在5時間経過
スペイン語ができるのはおまえだけか?
Sí
よし 別室にこい
パタン
片岡さん〜〜
ヤバいかなどう来るつもりや
これ以上の面倒はイヤだろう?
いくらかつめば見逃してやる
おお露骨にきた!

スペイン語を話せ!
つまりあんたは
物乞いみたいに
金を恵んでくれって
いってるんやな?
なんだと
チーノが!
物乞いみたいに
金をせびってるやろ!!
私は誇り高い日本人や!
こんな不当な金は絶対払わへん!
ベネズエラ人はこんなことして
恥ずかしくないの!?
ひとりなら殺される
けれど4人いたら
さすがに足がつくだろうと見込んでの賭け

見下してる
アジアの女から
物乞いよばわり
されて
腐っても軍人
どうする?
あんたも野球好きやろ?
日本にはカブレラと
ペタジーニっちゅう
スターがおったのに
まさかベネズエラ人が
こんなマネするなんて…
カブレラ
ペタジーニ
ここでのことは全部
日本大使館に言うからね
私たち シウダー・ボリバルの
日本人と会うことになってるから
今日中に着かなきゃ
どっちにしろ大使館に連絡行くし
でまかせ
とにかく
ベネズエラ人よ!
もっと誇り高くいろや!!

君が正しい

ちなみに
この拘束事件は
2003年のこと

片岡さん
強い〜

は〜
疲れた…

経済危機から
治安がさらに悪化し
国民の1割が
国外逃亡している
今は
4人いようが
殺される

この時もすでに
公務員の給料が
滞っていたのかも
しれない

イヤな目にも
あったけれど
次に行けるのは
いつだろう

美しいプレゼントを
くれた国でも
あるのに

ドドド

ほんっとにすごかったエンジェルフォール!
ですよね 私もいろいろ旅しましたが一番の絶景ですよ
VENEZUELA
自然に魅せられて恭子はしばし足を止め
シウダー・ボリバルの旅行代理店で働くことにした
ADRENALINE EXPEDITIONS
みんな おかえり! 冷たいビールをどうぞ
誕生日の人もいたよね? ケーキも食べよう!
オーナーのギジェルモは珍しく差別意識がなく
わあっ
キョーコのおかげでお客さんが増えたよ
でもそんなにおごったら儲(もう)けないやん
毎日笑いがたえない
ところでさ 一緒にヤノマミの住む村に視察に行かないか?

今はベネズエラ人が
ガイドしてるんだけど
段取り悪くてクレーム
殺到なんだ
ヤノマミ
ヤノマミって先住民の?
行く行く!
よかった!
実際に村を見て
ツアーのプランを
考えよう
観光ズレ
みやげもの
買っていけ
着替えて裸踊り
う~ん
あれ? そしたら
アマゾンの
先住民みたいに
なっちゃう…?
——との懸念は
ありつつも
運転手 兼 通訳だ
どんどんと
町を離れ
キョーコ
ジャガーだ!
うおっ!?
奥へ奥へ
グアヒーバ族は
魔術を使うから
俺は降りないぜ
ぶるぶる
途中休憩
グアヒーバの村

電気もガスも
水道もない世界で
都会では命綱と
呼ばれるものが
ないんやなぁ
外界と隔絶して
生きてる…
どんな人たち
なんやろ!?
ドッ
ドッ
ドッ
ヤノマミ族の村
エル・プラジョン
ジャラケという
ユカ芋の酒だよ
歓迎の印だ
遠まき
歓迎されては
いないようや
けど…
微炭酸…

僕らとも交流してるから
服も着てるけど
基本的には文明を
拒んでるからね

ツアーでも
彼らの村には
入れないんだ

遠くから見学するだけ

私たちが
泊まるのも
集落から
離れた川辺

ツアー客が
残していく食料と
引き換えに
皿洗いをしてくれる
約束

ねぇねぇ
彼らの名前を
聞いて

ラファエルと
ホルヘだって

へぇ
スペイン系…

はい
あなたたちの
名前

ラファエル
ホルヘ

すごしたのは
4日

えっ
もう終わり？
私まだ
ボウズやのに
僕らには
ムリだね…
その日
村人全員が
食べられる
分だけをとる
ヤノマミ族
私のしてた労働と
大違いやなぁ
誰のために
誰を笑顔にするために
働くのかが
はっきりしてる

スペイン系の名前やし
ここにもきっとスペインの宣教師が来たのだろう
「カトリックにあらずは人にあらず」といって
しかし彼らはヤノマミであることを選んだ
ヤノマミとは人間という意味だ
こんな社会なら誰もウツになんかならへんな
だからってまた私たちがこんな暮らしに戻れんのはわかってる…
それでも人間が笑って生きていくために
ヤノマミから教えてもらうことがたくさんある

結局半年間
恭子は
ベネズエラで
働いた
ADRENALINE EXPEDITIONS
離れがたい
魅力があった
ここで
旅を終わりに
してもいいかと
思った
恭子さん
けれど
恭子さんは
いつ日本に
帰るんですか？
さあ？
その日を
考えることは
まだできない

そんなある日
日本のテレビから
仕事を依頼された
有名整形外科医が
美女大国 ベネズエラの
美容情報を
レポートする番組の
YES
アテンドを
することに
なったのだ
わ〜
なんだこりゃ
マズっ
ポイッ
ヤノママミと
大違い
先生めっちゃ
イヤがられて
まっせ…
…
君
あの漫画家と
しゃべりたいだろ
ホラ
その時ギャラとして
800ドルの現ナマを
受け取ったのだが
それがまた
新たな事件に
発展するとは
恭子はまだ
知らずにいるのだった
キョーコ!
お疲れさま!
だから
従業員にまで
おごらんでいーって
疲れたけどさ!

片岡恭子の旅コラム：1

「南米」とはどんなところ？

日本人はマチュピチュを好む。かつてインカ帝国の中心だったペルーには、アンデス山脈もアマゾン密林もあり、日系移民の子孫が多く暮らす。15世紀のインカ最盛期には南米の大部分がインカ帝国だったので、日本人が抱く「ペルー＝南米」のイメージはあながち間違いではない。

「盗むな、嘘をつくな、怠けるな」がインカの掟であり、挨拶でもあった。しかし、最後の皇帝アタワルパが侵略者スペイン人に金銀をだまし取られたあげく、処刑されて以来、「だますよりもだまされるほうが悪い」という風潮が500年後の現在も根強くはびこっているような気がしてならない。

大航海時代、南米はブラジル以外の国々がスペイン領となった。旧スペイン領の公用語はスペイン語、宗教はカトリック。いまだに上級国民はスペイン系、下級国民は先住民だ。格差社会の治安がよいわけがない。

だが、それはさておき、南米は見るべきもの、食べるべきもの、出会うべき人々に満ちあふれている。

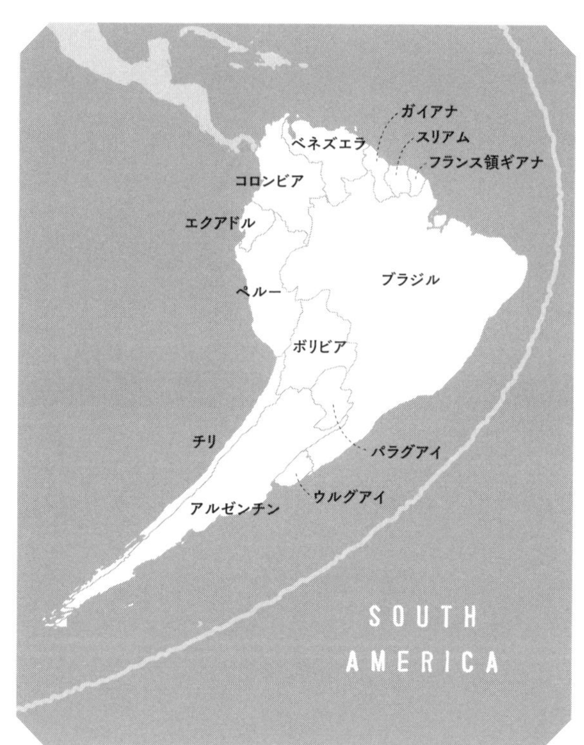

ベネズエラで働きだした恭子だが労働ビザは持っていなかったので

つまり不法就労

てへ

3カ月に1度は出国する必要があった

そんな理由で訪れたコロンビア

※シウダー・ペルディーダ遺跡のツアー参加時にまたも事件が

※「失われた都市」という意味

第8話 失われた都市で盗難(コロンビア)

現金盗られたー!!

ふだんなら現金は
体から離さないが
昨日は
同じツアーの客しか
いなかったので
油断した

コロンビア人 ガイド

スウェーデン人

日本人

この中に
犯人が？

コロンビア人
コック

日本人

オランダ人

まさかねぇ

ほんとに
持ってたの？

持ってたわ！

呼んで来ました
ひとりひとり調べてもらいましょう

警察？

パラミリタルです

¡Rápido!
早くしろ!
怖えよ
俺じゃね～よ
も～
見つかって
ほしいですか?
当たり前やん
¡No te demores!
ちょっと待ってよ～
以前
カメラを盗んだ犯人が
見つかった時
パラミリタルはその場で
犯人を射殺しました
はっ
はああ～～～～!?!?
ちょっとトイレ
あっ
あのオランダ人は
私の隣で寝てた
そっか
あいつか…

でも
パラミリタルの私刑に比べりゃ泥棒なんてかわいいもんや
誰も800ドルは持っていないようだ
なら もうええです
いいの？
どーせイヤな仕事でもらった金やし
もうああいうのは引き受けるなってことやな
有名整形外科医のアテンド
YES
テレビクルー
貧民窟見たい♫
女買いたい♡
誰も死なないで傷つかないですむのなら
お人よしのマヌケな日本人でいたるわ

お金なんて惜しくない
数日後ツアー一行と別れた恭子はナブシマケ村にいた
外界とは最小限の接触で暮らすアルワコ族に会うためだ
ここが集落？人が住んでる家っぽいのもないけど…
えっと…
¡Hola!
¡Hola!
どこか泊まれるところはありますか？
アルワコ族のバッグを買いつけに来る商人はあそこに泊まるわよ
バッグも見たい？
見たい！
ここよ
彼女はアルワコだけどコロンビア人と結婚したからスペイン語を話せるわ
ありがとう
わあ
カワイイ～！
¡Hola!
外国人なんて珍しい

私たちは ひとりひとつ
必ずバッグを持ち歩くのよ
あ
アルワコの
女性や！
ここに来るまで
男の人は何人か見たけど
男性
ちなみに
モンゴロイド
彼女の名前は ドウイシマジェ
20歳だけど 子どもがたくさんいるの
写真撮らせてもらう？
ハイ
あれ
もしかして
写真知らない？
パシャ
これこれ
こーゆーの

パシャ
〜〜〜
あ〜まだ静止する鏡くらいに思ってるか？
〜〜
〜〜〜
なんて？
見て あなた とてもキレイ
あなたは私の姿を知らない遠いところまで連れて行くのですね って
決して カメラに笑顔を 向けなかった ドウイシマジェは

暗くなってから
帰り支度を始めた

アルワコの集落は
ここから5時間
山を登ったとこ

え

ここは村じゃ
なかったの!?

あなたも来るかって
聞いてるよ

ムリや
真っ暗で
何も見えへんし

文明の力
何もないやん ここ…

それに
私は行っちゃ
いけない気がする

バッグやコーヒーで
わずかばかりの
現金を得るだけで
それ以上の
貨幣経済を拒否して
誇りを守る
アルワコ族に

資本主義を
生きてる私は
受け入れられないだろう

たとえ800ドルを捨てたとしたって

その夜は

暗闇がないほどの星の数

間違いなく世界一の星空

ベネズエラに帰ると
ホームページに
仕事の依頼が
入っていた
ADRENALINE EXPEDITIONS
東京で
ラジオの
コーディネート
ガイドブックの
取材
ライター
キョーコ
日本に帰るのか？
ギジェルモ
ギジェルモと
離れるのは
さびしかった
私な
日本では感情を押し殺して
生きとってん
でも死ぬ気で
旅に出たら
いろんなことに
気づいた

“自分のため”じゃなく
“誰かのため”なら 私は働けるって
旅が教えてくれた
それを書いたり
ひろめたりしたら
かつての
私のような人に
何か あったかいもの
分けられるかな
それに東京も
旅の通過点かもしれへんし
キョーコ
いつか世界中から
旅人が集まる宿を
一緒にやろう

日本を飛び出して
2年4カ月後の
2004年
恭子の旅は
終わった

東京

ピッ

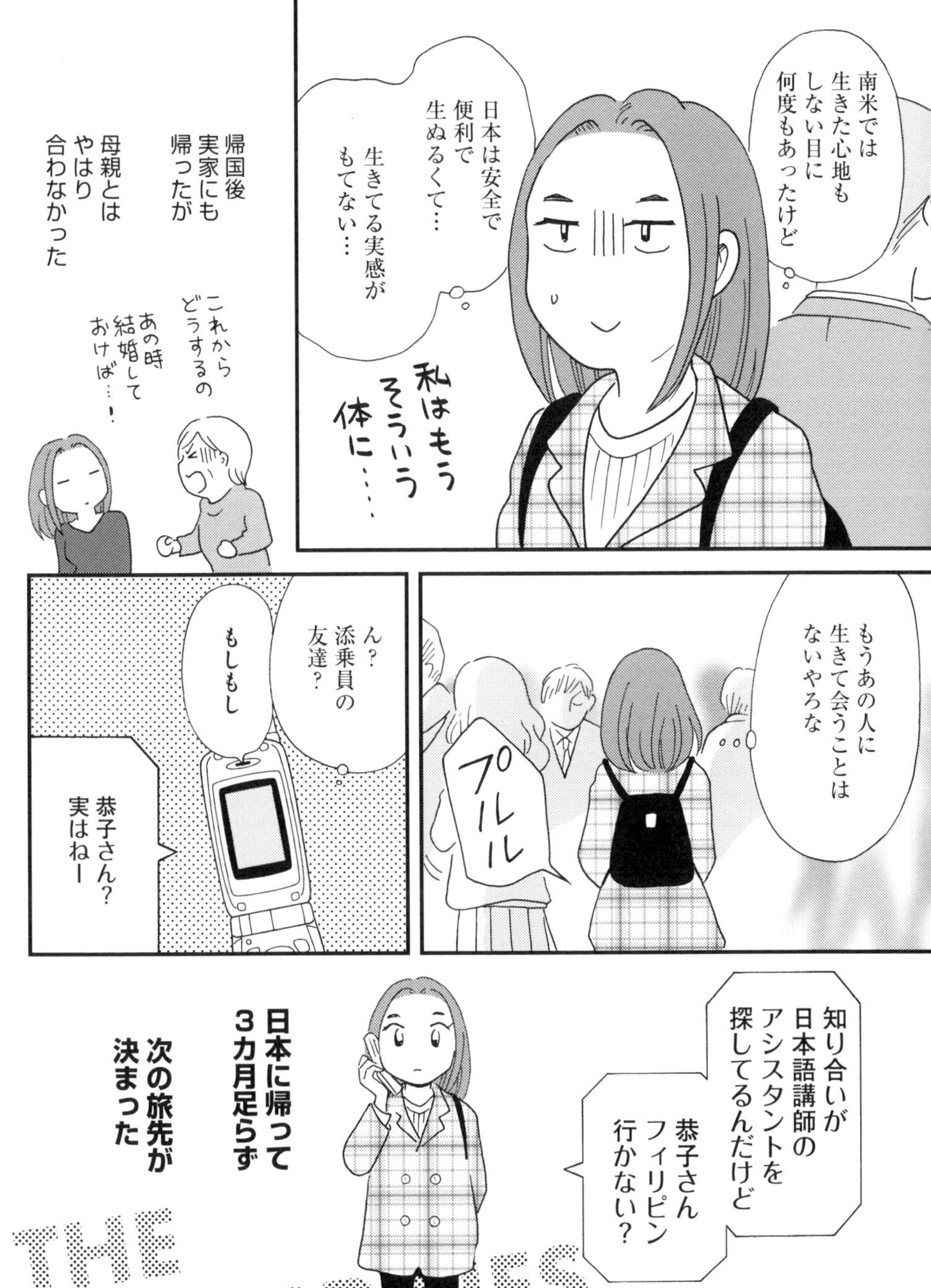
南米では生きた心地もしない目に何度もあったけど
日本は安全で便利で生ぬるくて…
生きてる実感がもてない…
私はもうそういう体に……
帰国後実家にも帰ったが
母親とはやはり合わなかった
これからどうするの
あの時結婚しておけば…！
もうあの人に生きて会うことはないやろな
プルルル
ん？添乗員の友達？
もしもし
恭子さん？実はねー
知り合いが日本語講師のアシスタントを探してるんだけど
恭子さんフィリピン行かない？
日本に帰って3カ月足らず
次の旅先が決まった
THE

旅を終えて、変わったこと。

旅から戻ってきたら、なんでもどうでもよくなった。些細なことが気にならない。起きて半畳寝て一畳。背負うものが少なければ少ないほど、フットワークは軽くなる。履歴書の空白期間が長くなるほど、人並みの幸せからは遠ざかる。でも、万人にあてはまる形をした幸せなど、実はこの世のどこにもない。

旅でわかったことがいくつもある。無知は悪だ。不運ではなく無知だから、トラブルに遭うしだまされる。知識があれば「一を聞いて十を知る」の言葉どおりに物事の解像度が上がる。柔軟性こそが賢さ。強いものではなく、適応したものが生き残る。ただし、波風を立てずに流されていくことは柔軟性ではない。

人と人とはわかりあえないのが大前提。居心地が悪ければ、別の居場所を見つけるか、今いる居場所をよりよくするかの二択しかない。国籍、人種、言語、宗教、文化を同じくする弱者を切り捨てる同胞と、コロナ禍に日本で軟禁される居心地の悪さよ。世界は広く、人生は短い。

2年4カ月の
南米放浪から
たったの3カ月
次なる
恭子の旅先は
7千百9の島からなる
南国フィリピン！
第9話
シキホール島で白魔術
（フィリピン）
待てーっ
待て
待てー
待ってー―っ

タ～ホ～
あ～～っ
また逃した
タホ売り！
もっと
ゆっくり
歩いてや～
日本語講師の
アシスタントとして
きたのだが
授業があるのは
金土だけなので
うますぎる
フィリピンスイーツ
制覇したるんや♥
タホ
タピオカ
黒蜜
温かい豆腐
台湾の豆花の
フィリピン版
キャッサバケーキ
芋ようかん
みたい
プト
米粉のケーキ
ブコパイ
ココナッツ
たっぷりパイ
たくさんの
トロピカルフルーツ
ミルクフルーツ
マラン
ジャックフルーツ
マンゴー
ランブータン
アティス
ハロハロ
紫芋のアイスは必須
カモテキュー
キャラメリゼした
さつまいも
バナナ版
バナナキュー
恭子ちゃん
扉閉めてね
猿が入るから
ほーい
日本語学校から
与えられた住居は
経済特別区
スービックにあり
許可のない者は入れない
特別地区
SUBIC BAY
入るには
ゲートが7か所ある
リタイアした
おばあさんが
ハウスメイト
フィリピンは
治安が悪いけど
ここは安全で
いいわね
猿以外は

治安…まぁよくはないですねぇ
悪いわよ！
あなたも睡眠薬強盗にあうとこだったじゃない！
睡眠薬入りの飲みものをおごり
身ぐるみはがす
あんなの！
絶対ひっかかりませんから
それに
南米みたいにいきなりナイフつきつけられるのに比べたら
なんて悠長で温厚な強盗やろって
金を出せ
あなたの感覚もはや日本人ではないわよ…
本当にたくましくなった恭子…
ってわけでまたちょっと
はいはい
まったく飛んで歩かないといられないのね
気をつけてね
はーい
いってきまーす！

※Jungle Environment Survival Trainingの略
金土以外の週5日
恭子はフィリピン中を旅してまわった
スービックにある※JESTキャンプではサバイバルトレーニングの体験
竹筒で米を炊く
竹で作った即席ベッド
制作時間 15分
謎の樹液で洗顔
泡立つ！
首都からバスとトレッキングで13時間
世界遺産のバタッドの棚田
これを人力で…！
パラワン島のジャングル奥深くに住むバタック族は半裸だった
若い女の子は胸を隠して逃げた
ふんどしのじいさん
ほかの男はパンツ

マニラのトンド地区にあるスラムでは腰までヘドロにつかった男が売れるものを探している
超年上の日本のおっさんと結婚するスラム出身の女性もおるけど
この生活から抜け出すためやったらなんでもするわな
JR東日本から無償譲渡されたボロボロの電車がスラムの中を突っきる
この10年でフィリピンで殺された日本のおっさんは40人
財産目当てで妻が雇った殺し屋によると言われてる
私だってここに生まれてたら…
個人の努力なんてほとんど報われることはない
人生なんて生まれてきた社会で変わる…

こんなふうに
行く先 行く先で
感情を揺り動かされた
フィリピンで
もうひとつ
おもしろかったのは
コレだ
シキホール島の
ボロボロ
ぶくぶく
じーーっ
もやっ
濁った！
そう！
痛かったのは
腰なの！
ボロボロとは
白魔術を使った
治療法
竹ストローで
コップの水を
吹きながら
患者の体を
さすると
悪いところで
水が白濁する
石が入ってる

おもしろがって同じ宿に泊まっていた日本人たちと来てみたのだが
ウソみたいにラクになった!
次は?
じゃ私!
恭子さんどこも悪くなさそー
免疫力高すぎて治験のバイト落ちたくらいやからね
フフフ
すげえ
ここに座って
ぶくぶく
至近距離で確認…
ぶわっ
えっ!?
緑!?
藻や!!

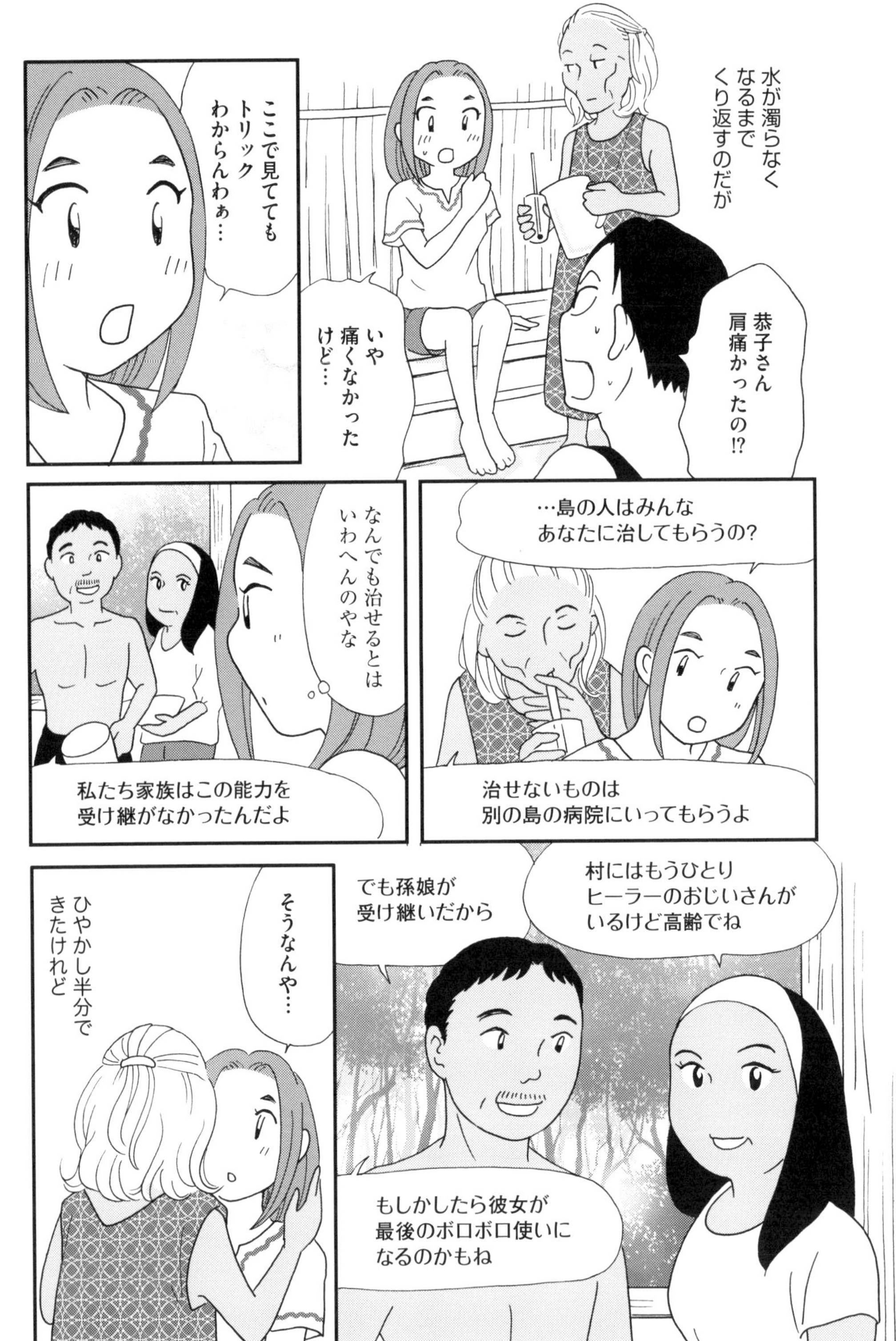
水が濁らなくなるまでくり返すのだが
恭子さん肩痛かったの!?
いや痛くなかったけど…
ここで見ててもトリックわからんわぁ…
…島の人はみんなあなたに治してもらうの?
治せないものは別の島の病院にいってもらうよ
なんでも治せるとはいわへんのやな
私たち家族はこの能力を受け継がなかったんだよ
村にはもうひとりヒーラーのおじいさんがいるけど高齢でね
でも孫娘が受け継いだから
もしかしたら彼女が最後のボロボロ使いになるのかもね
そうなんや…
ひやかし半分できたけれど

金儲け
スピリチュアルのヤツら
見習ってほしいわ～

どれだけ
旅したって
世界を
見尽くせないいん
やから

こんなのも
私が今まで
知らなかっただけ

別段
不思議なことでは
ないのかも
しれへんね

なーんて

この時のフィリピン滞在は3カ月
それでも無事にすまないのが恭子の旅

帰国前パラワン島のビーチで
海蛇っ!
ザク
――には噛まれなかったのだが
てて…ちょっと切ったかー

帰国後
傷口ふさがらへんなぁ
あれ?
蚊に刺されたとこが膿んでる
あれ?背中も?
あれ?
じくじく
なんや?

体中の傷が膿み出し
ハァ
ハァ
脚の付け根のリンパが腫れ40℃の高熱が…

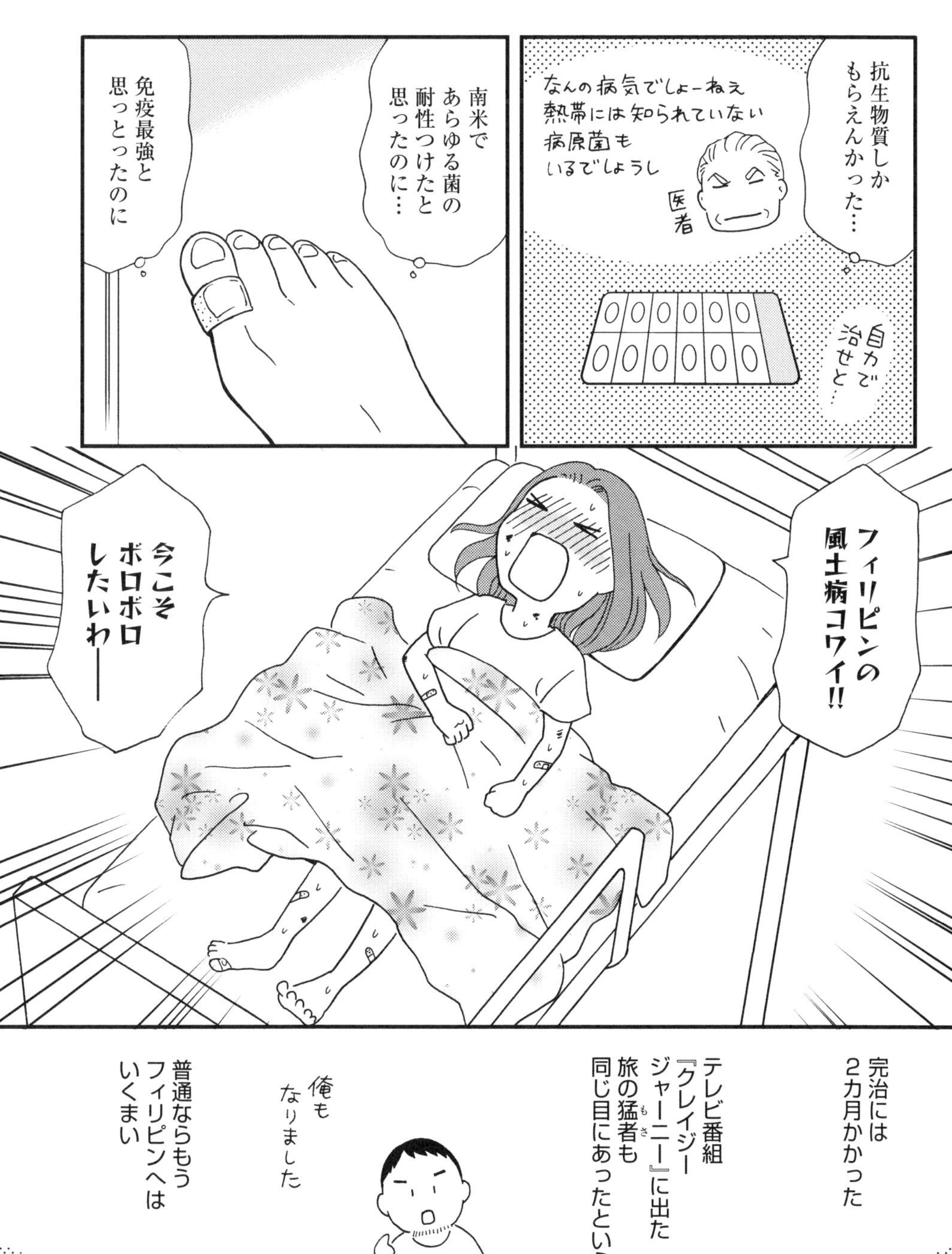

完治には2カ月かかった

テレビ番組『クレイジージャーニー』に出た旅の猛者(もさ)も同じ目にあったという

俺もなりました

普通ならもうフィリピンへはいくまい

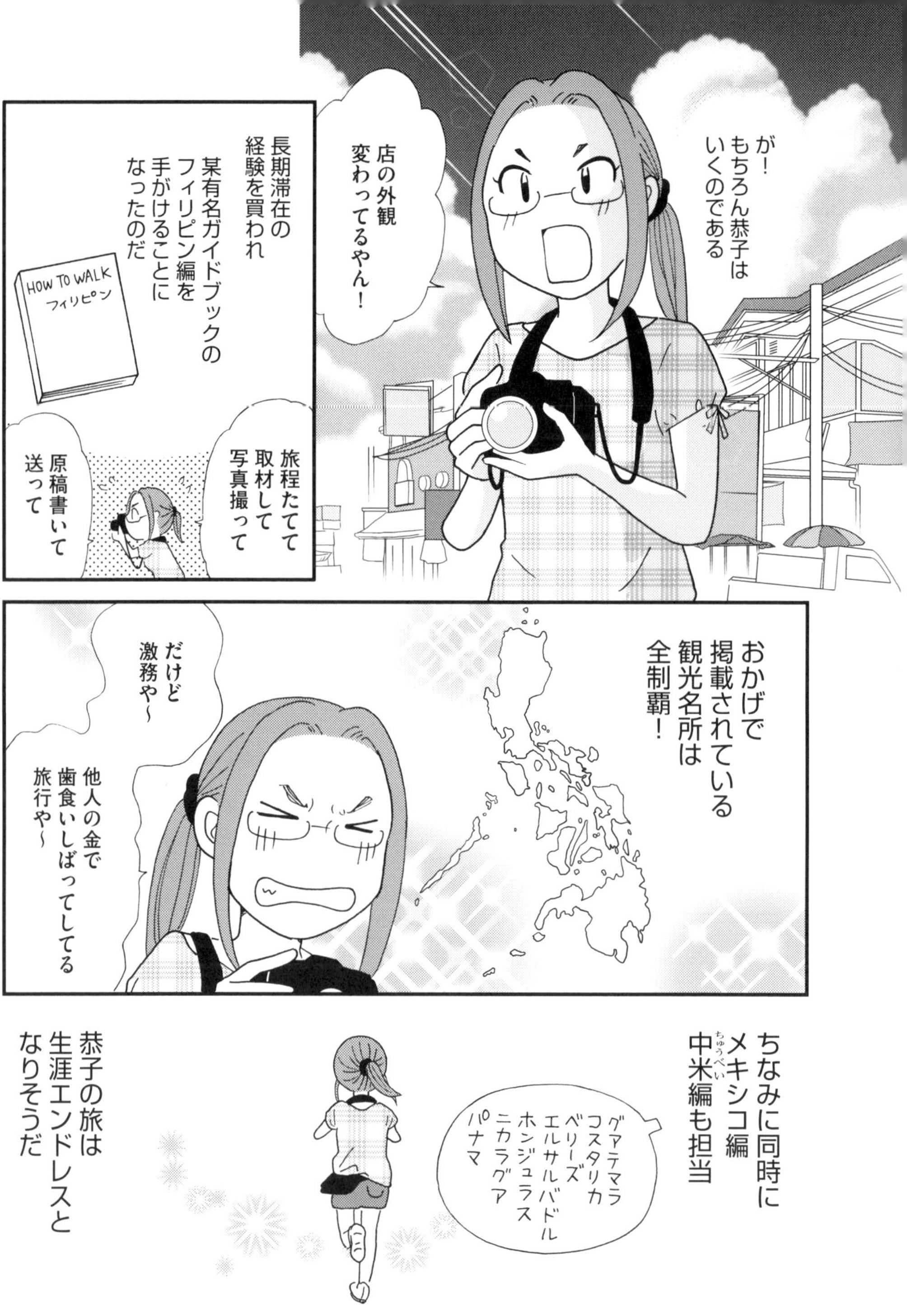

が！
もちろん恭子は
いくのである

店の外観
変わってるやん！

長期滞在の
経験を買われ
某有名ガイドブックの
フィリピン編を
手がけることに
なったのだ

HOW TO WALK
フィリピン

旅程たてて
取材して
写真撮って

原稿書いて
送って

おかげで
掲載されている
観光名所は
全制覇！

だけど
激務や～

他人の金で
歯食いしばってしてる
旅行や～

ちなみに同時に
メキシコ編
中米（ちゅうべい）編も担当

恭子の旅は
生涯エンドレスと
なりそうだ

運び屋や
ガイドブックの
執筆など

旅が仕事になった
恭子

年に35回は
渡航する

それでもまだ
仕事じゃない旅に
出るのは
なぜだろう

第10話
サンティアゴ巡礼路で贖罪（しょくざい）（スペイン）

恭子は今
スペインを764km
踏破しようとしている
あてっ
マメが…
右も左も
ヤラれたわ
ってて…
¡Buen camino!
もちろん
罰ゲームではない
巡礼の旅なのだ
¡Buen camino!
山道ももうすぐ終わるよ
がんばろう
巡礼者同士のあいさつ
スペイン
ガリシア地方にある
サンティアゴ・デ・
コンポステーラは
キリスト教三大巡礼地の
ひとつ
そのほかは
バチカン市国
エルサレム旧市街と
その城壁群
至るルートは
いくつかあり
恭子の歩む
「フランスの道」は
もっとも
ポピュラーなもの
旧市街も巡礼路も
世界遺産
フランス
ポルトガル
スペイン

スタート地点はサン・ジャン・ピエ・ド・ポー
歩きはじめたらいきなりピレネー山脈越えだった
景色むっちゃキレイ
でもキッツ
キッレー
キッツ
初日はなんとか25km歩いて
ロンセスバジェスの巡礼宿に到着
広～っ
ルート沿いの町にはこうした巡礼宿があり
巡礼手帳を持っていると格安の値段で宿泊できる
2009年当時は3～8ユーロ 寄付制のとこも
CARNET DE PÈLERIN DE SAINT-JACQUES
Les Amis du Chemin de Saint-Jacques
あ～ ヘロヘロや～
カメラ充電したいけど
コンセント争奪戦
先にシャワーにするか
きゅ
水や～ん！
タイミングが遅れるとタンクのお湯はなくなってしまう

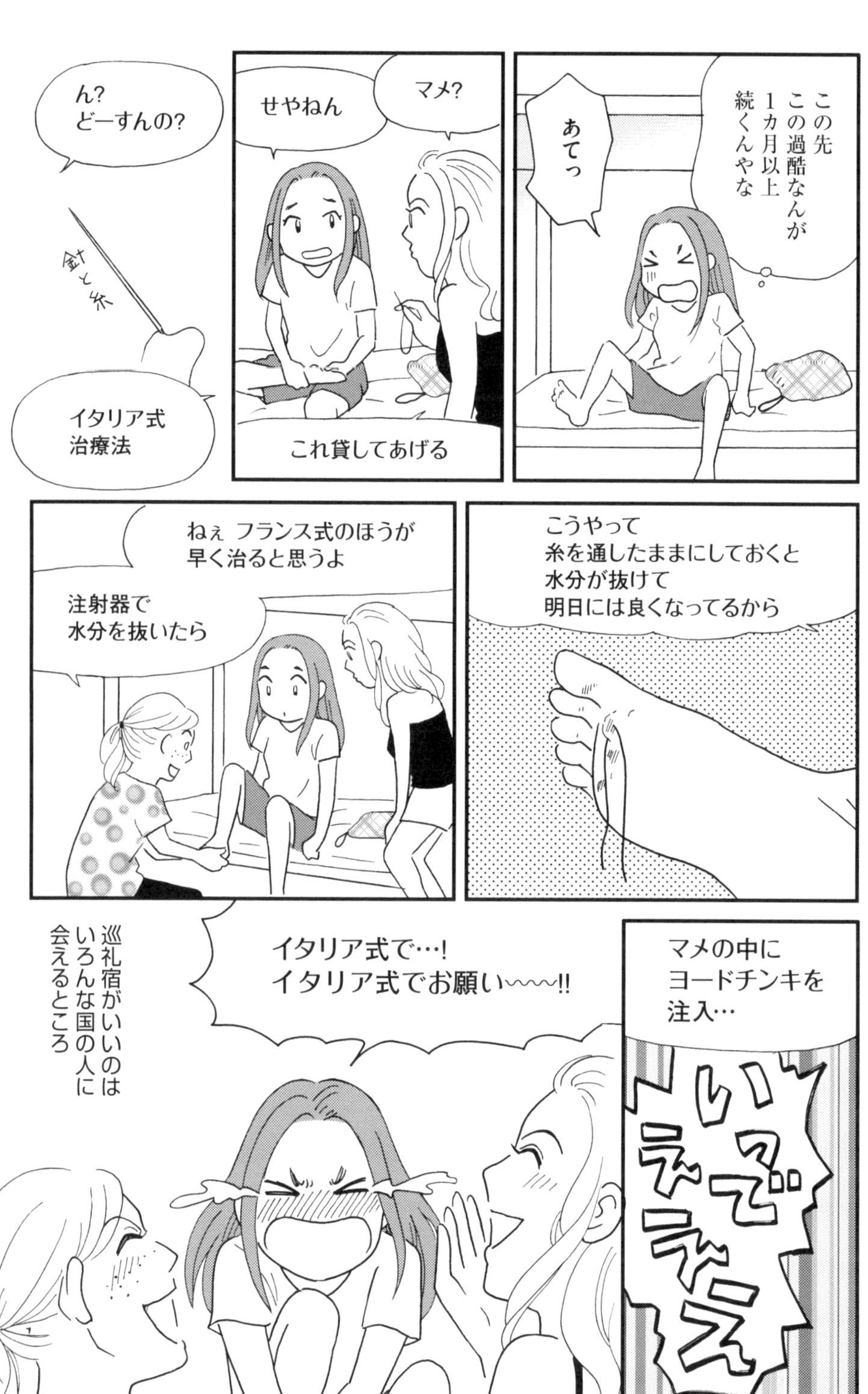

この先
この過酷なんが
1カ月以上
続くんやな
あてっ
マメ?
せやねん
これ貸してあげる
ん?
どーすんの?
針と糸
イタリア式
治療法
こうやって
糸を通したままにしておくと
水分が抜けて
明日には良くなってるから
ねぇ フランス式のほうが
早く治ると思うよ
注射器で
水分を抜いたら
マメの中に
ヨードチンキを
注入…
いってぇえええ
イタリア式で…!
イタリア式でお願い〰〰!!
巡礼宿がいいのは
いろんな国の人に
会えるところ

英語もスペイン語も話せない人もたくさんいるのに
後片づけしましょう
オスピタレロ（宿の世話役）
Oui
はーい
Alles Klar
알았어요
なんとかなっちゃうのが楽しい
ひとつの巡礼宿に連泊はできないので
生活が規則正しくなるのもいい
寝袋は持参
疲れすぎて夢も見ずに眠る
早朝に起きて
よし！あと739km
……
まだまだやな…
誰と競争するでもない
みんなそれぞれのペースで歩く

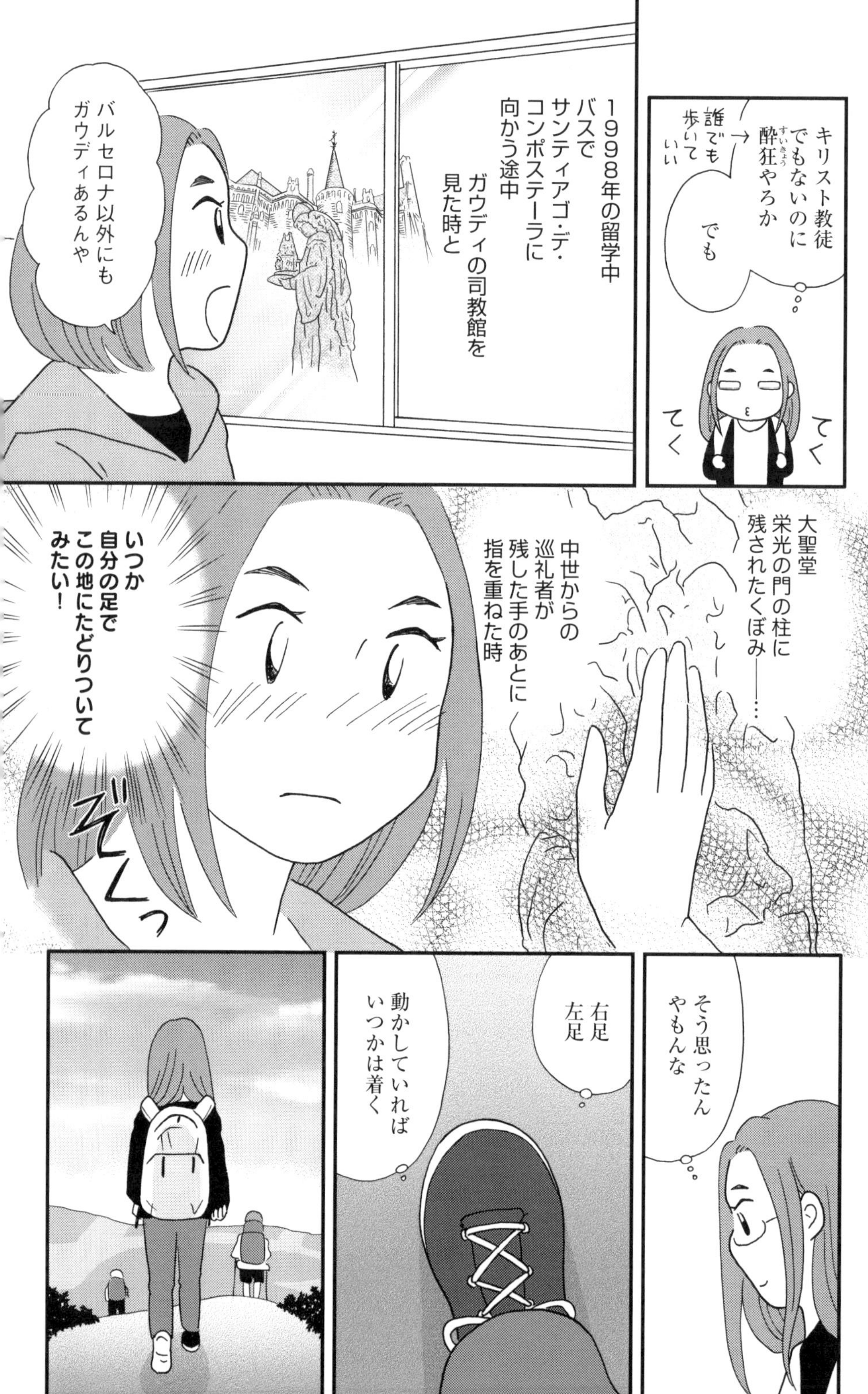

キリスト教徒でもないのに酔狂やろか
誰でも歩いていい → でも
てくてく
1998年の留学中バスでサンティアゴ・デ・コンポステーラに向かう途中
ガウディの司教館を見た時と
バルセロナ以外にもガウディあるんや
大聖堂栄光の門の柱に残されたくぼみ――…
中世からの巡礼者が残した手のあとに指を重ねた時
いつか自分の足でこの地にたどりついてみたい！
ぞくっ
そう思ったんやもんな
右足左足
動かしていればいつかは着く

巡礼宿として修道院に泊まれることも多い
サンタ・クララ修道院
お菓子のご注文は私が承ります
シスターは一般人と直接話しちゃダメなんだって
へー
お金はここへ
くるっ
触れるのもダメなんや
まだ二十歳くらいやろか
どうして修道院に入ろうと思ったんかな
毎日いろんな人に出会う

Ça Va?
ふたごのフランス人
ざこね
ドイツの自宅から歩いてきた
げえ
何を食べてもおいしい♪スペイン
パラグアージャ
平たい桃
メリデ「エセキエル」のタコ
タルタデサンティアゴ
アーモンドケーキ
うま〜っっっ
ズルして電車に…
あ…
インカの飛脚のようなボリビア人
着のみ着のまま
生活＝放浪のジプシー
¡Buen Camino!
さくらんぼどーぞ
日本でのお遍路の続き

過酷な旅に
倒れた人たちの
墓標にも出会う
KOKS
FRANS
BELGIE
同じ道を
歩いていても
毎日が
昨日とは違う
晴れた日も
あれば
40℃
カラ
雨の日も
ある
巡礼路も
旅も
人生みたいや

進まないと
どこにも
たどり着けない
聖地
サンティアゴ・デ・
コンポステーラ大聖堂
柱のくぼみには
直接触れられないように
なってたけれど
わあっ
ゴーン
ゴーン

翌年は
「ポルトガルの道」
238㎞を歩いた
日本を飛び出す前
病んで
ひきこもっていた
時から
ずいぶん
時が流れた
旅に出て
人生変わって
ハッピーエンド
とは
残念ながら
なってない
世界中から
旅人が集まる宿を
一緒にやろう
そう言ってくれた
ギジェルモは
2011年
クリスマスの5日前に
強盗に殺され
もういない
楽しいことも
苦しいことも
期待したとおりのことも
想定外のことも
起こるのが人生…

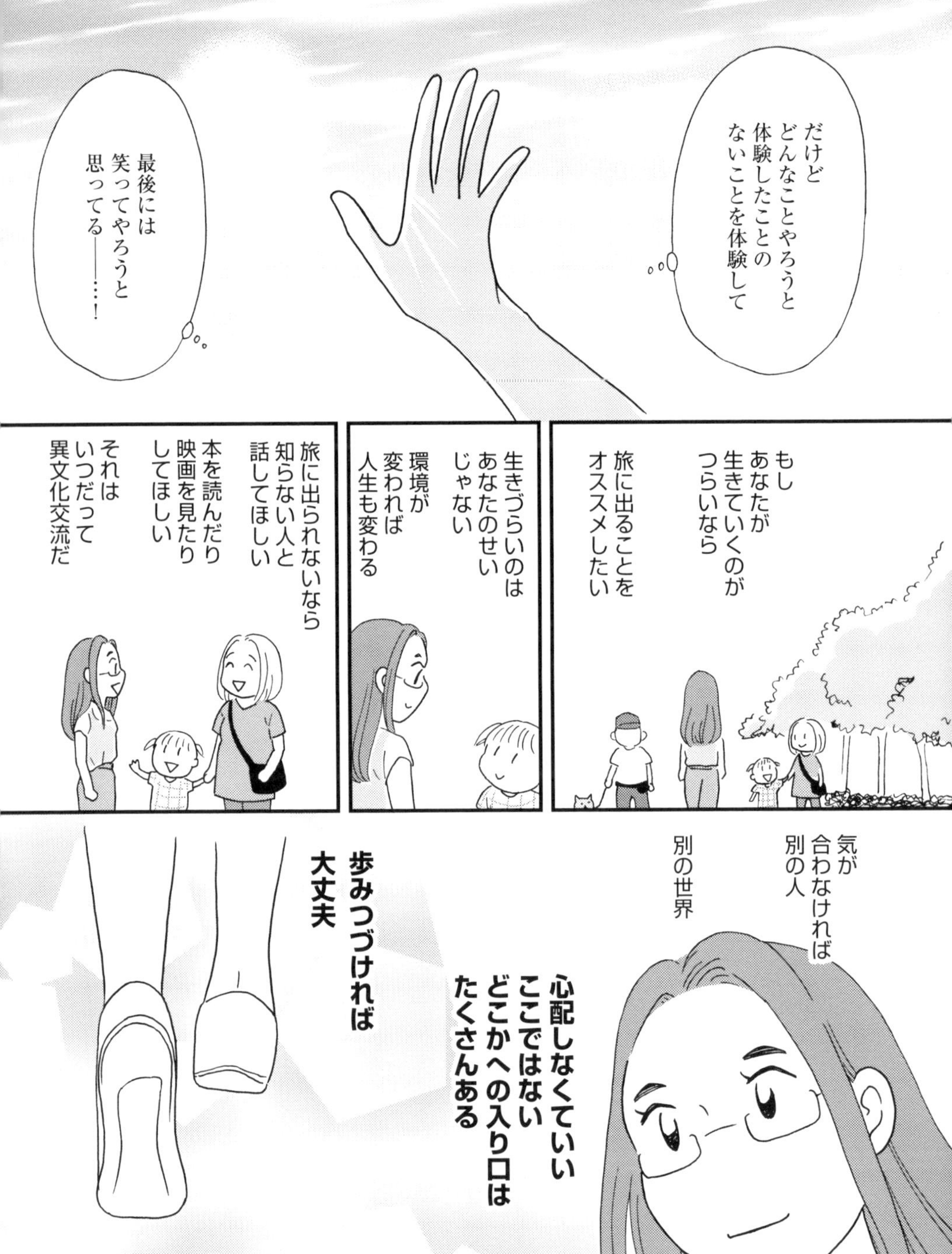
だけど
どんなことやろうと
体験したことの
ないことを体験して
最後には
笑ってやろうと
思ってる――…！
もし
あなたが
生きていくのが
つらいなら
旅に出ることを
オススメしたい
生きづらいのは
あなたのせい
じゃない
環境が
変われば
人生も変わる
旅に出られないなら
知らない人と
話してほしい
本を読んだり
映画を見たり
してほしい
それは
いつだって
異文化交流だ
気が
合わなければ
別の人
別の世界
心配しなくていい
ここではない
どこかへの入り口は
たくさんある
歩みつづければ
大丈夫

巡礼の旅

サンティアゴ・デ・コンポステーラの巡礼路、王道フランスの道を毎年10万人もの世界中からやってきた老若男女が歩いている。千年以上の歴史がある道を中世と同じように歩く旅は、毎日が新しい体験の連続だ。城、教会、美術館の、ワンパターンで退屈なヨーロッパ旅行とはかけ離れている。

自分のペースでひたすら歩き、しっかり食べてぐっすり眠る。毎日ただそれを繰り返すことのありがたさよ。生きるということはただそれだけで十分なのだ。本当はどこまでも自分の足で歩いていける。非力ではあるが決して無力ではないことに気づかされる道だ。

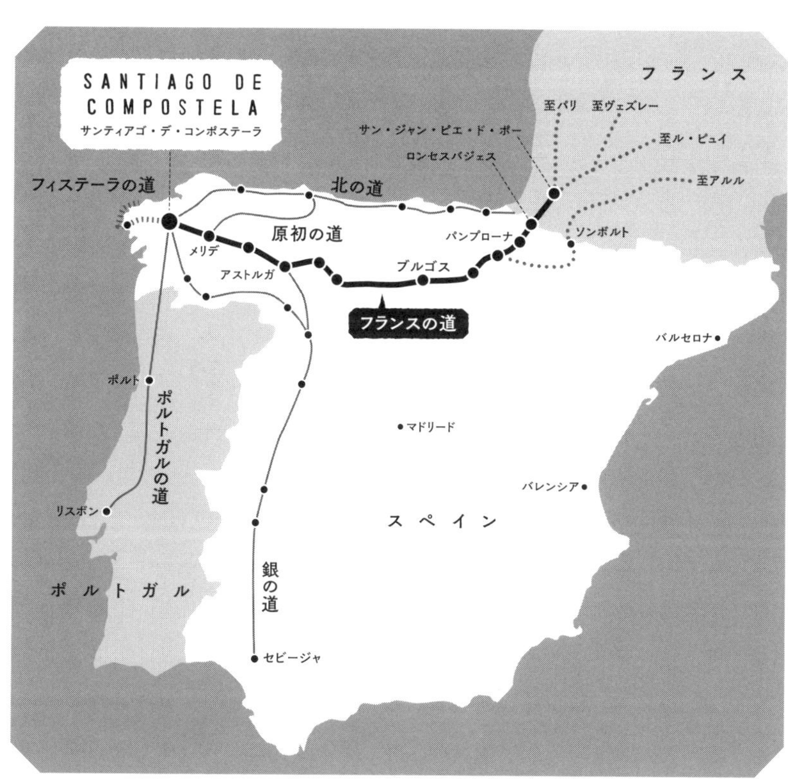

番外編
トラベルでトラブル

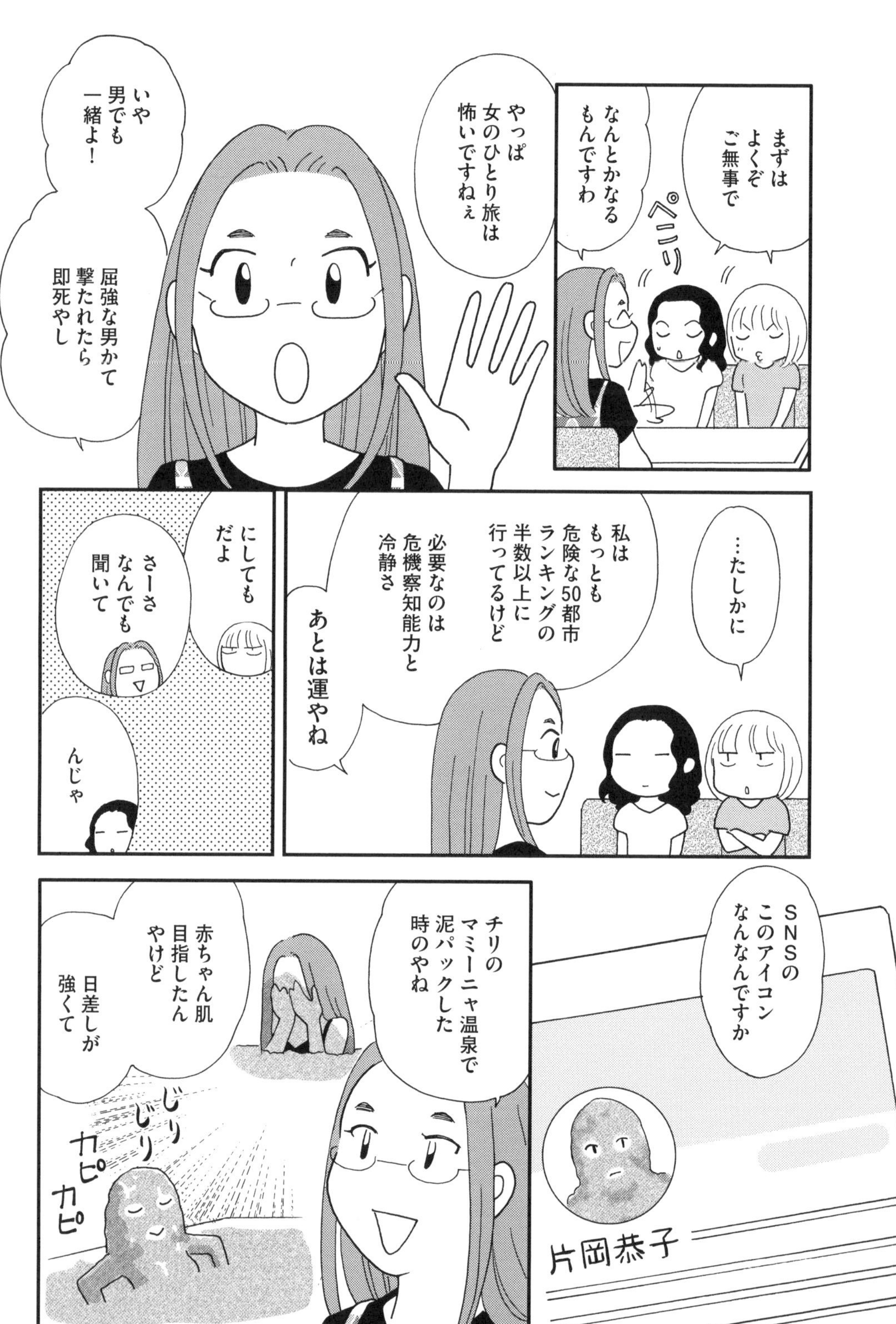

まずは
よくぞ
ご無事で
なんとかなる
もんですわ
ペコリ
やっぱ
女のひとり旅は
怖いですねぇ
いや
男でも
一緒よ！
屈強な男かて
撃たれたら
即死やし
…たしかに
私は
もっとも
危険な50都市
ランキングの
半数以上に
行ってるけど
必要なのは
危機察知能力と
冷静さ
あとは運やね
にしても
だよ
さーさ
なんでも
聞いて
んじゃ
SNSの
このアイコン
なんなんですか
片岡恭子
チリの
マミーニャ温泉で
泥パックした
時のやね
赤ちゃん肌
目指したん
やけど
日差しが
強くて
じり
じり
カピ
カピ

ドドン
スパイダーマンになってもうて
泥が乾いてヒビ割れたところだけ日焼け
やっぱオチつけてくんな!
描いてて疑問だったの
暑い所では日焼け止めとかしてるのかなって
ボリビアで耳が取れてからはちゃんとしてる
↑5話参照
虫よけは?
してる
マラリアを媒介する蚊が怖いから
なるべく長袖長ズボン
あ半そで描いちゃった
蚊は熱に集まるので
熱帯では止めた車の上に巨大な蚊玉ができんねん
たかられたら死ぬ…!!
わ〜ん
虫よけ
寝る時もハンモックの上から蚊帳をかけなあかんからね
吸血コウモリもよけなあかんからね
吸血コウモリよけ!
すごいもんよけてる!!
狂犬病を媒介する
蚊以外にも
働いてたベネズエラでは日本人のお客さんの背中からウジが出た話を聞いたたし
背中に穴があいて何か動いてる
もぞもぞ
つまみだしたらウジ
ヒトヒフバエ
動いてるのはわかるけど痛くないよ
ギャ〜

無数のダニが
毛穴に
潜り込んでた

びっしり

つぶすと
毛穴にダニの体が
残ってしまうので
一匹一匹
ひきぬかなくては
いけない

うああ
きぼぢわるいい

フィリピンや
ベネズエラでは
巨大ムカデが
おった

それから
怖いんは
サソリやね
インドネシア
メキシコ
ベリーズ
部屋の中に
いると
さすがに
ビビる
どーするん
ですか…？
ゴリ
ぐしゃ
頭を
つぶす
冷静…
あとな
南米のゴキブリは
なぜか寝てる人の
指を噛むねん！
虫以外は!?
虫以外は
何かっ!?
虫は
もういいっ
んー
ジャガー？
グアテマラの
ティカル遺跡
人けのない
ピラミッドの
小部屋に
入ったら
うっ
糞尿のニオイ
シャーッ
ジャガーは
マヤの神さまやから
神殿に住んでても
おかしないか
ちゃんとすぐ
逃げたよ〜
冷静すぎ
でしょ！

血を見なくて良かったです…
一番流血させられたんはヒルや
マレーシアボルネオのジャングルで
ジーンズがぐっしょり重くなるほどやった
熱帯こえー…
インドネシアスラウェシ島のマナドの海で泳いだ後は
耳の中で音がする
カサカサ
水入ったかな
ちく
痛っ
カサカサカサ
なんやこれ
あまりの痛みに病院に行くと
たすけてー
耳の中からカニが
あさりのみそ汁にたまに入ってるみたいなやつ
ぶははは
私も長年医者やってるけど耳からカニが出てきた人は初めてです
やっぱり恭子さん持ってる!

食べ物の話も聞きたいな
旅した中でおいしかったものは？
一番はやっぱりアマゾンの豚！
6話参照
熟成肉が人気やけど脂身は新鮮なほどおいしいんやと思う
それからアルゼンチン牛で作ったプルコギとか
ブエノスアイレスに韓国人街があって焼き肉食べ放題の店がある
パラグアイのチパ
ユカ芋で作ったパン
外はパリッ中はもちっ
スペインのバルにある生ハムやイワシの酢漬けなどのおつまみ
その中でも特に米入りのモルシージャ
豚の血のソーセージ
米が入ってるのはブルゴスのだけ
マテ貝
ポルトガルのうずら
パプリカもおいしい
アスパラガス
南国のフルーツ
フィリピンのスイーツ
9話参照
モンゴルの松の実
中国の涼皮
冷やし麺
腸粉
蒸して作る米粉のクレープ
韓国釜山のコチュジャンで食べる刺身
とくにホヤ
イタリアの米でできたジェラート
アメリカニューオーリンズのガンボ
濃いスープ
あと ベトナムとタイはどこで何食べてもおいしい♫

食べられなかったのはありますか？
ムリってほどじゃないけど
モンゴルは繁殖できなくなった老獣しか食べないので
肉はくさくて硬くてとにかくマズイ
草原では貴重な水
調理に使う水も少ない
塩ゆでマトン
遊牧民にとって家畜は生きた財産
だけど日本人や中国人は食に興味旺盛なので
どこにいってもほかの国の人ほど困らないように見えるかな
欧米人御用達のガイドブックにはハンバーガーやピザ屋・パスタ屋ばかりが掲載
魚の出汁
おでん
ナンプラー
ウッ
カレーしか食べないインド人
韓国人
どこでも辛ラーメン持参
辛
ペルーにて
オユコ
生姜みたいなイモ
うまいよ
食べなきゃ失礼なのはわかってるけど
ムリ…
イギリス人
ゲテモノも食べた？
ゲテかわからんけど珍しいものでは
テペスクイントレ
アルマジロ
イグアナ
クイ
リャマ
コブラの串焼き
たきこみごはんに
チキン味
クイ
めちゃかわいいモルモット
コブラ
リャマ
黒穂病のとうもろこしウイトラコーチェ
イグアナ
アルマジロ
テペスクイントレ
大型のネズミ

それから
有名やけど
フィリピンの
バロット
ヒナに
なりかかってる卵を
ゆでたもの
見た目が
グロいから
苦手な
フィリピン人も
多いけど
まぁうまいですよ
通は
よりヒナに近い
ものを選ぶ
精力剤として
食べられるらしい
あとは
旅の間は
ナマモノや生水は
クチにしないように
注意してるけど
氷も
アマゾンの
船では
果物で
ひどい目に
あったし
6話参照
インドでは
さとうきび
ジュースに
あたった
あああああ…
ボリビア
チチカカ湖の
マスは
お刺身で
食べたなぁ
水温が低いので
寄生虫がいない
ほかにうまいものナシの
ボリビア飯…
虫は食べない
んですね
甲殻類（こうかくるい）
アレルギーやから
虫もあかんねん
あと遺伝子が
近いから
猿も食べん
ようにしてた
病気もらう
可能性が
高い
猿て…
あとな
知ってる？
メキシコに
ポソレっちゅう
スープが
あんねんけど
あれもともと
人肉やってん
白い大粒のコーンが入った
豚のスープ
好みでプラス
レタス　ラディッシュ　ライム
アボカド　オレガノ　チレ
チチャロン（豚の皮を揚げたもの）
16世紀
ぶーっ
うまいね
この肉
人肉です
スペイン人
宣教師
アステカ人

スペイン人に
怒られて
人肉に一番
近い味の
豚肉になったん
やて
豚肉
食べる時に
思い出して♥
ひや〜〜め〜〜て〜〜
…でっ
そんな恭子さんが
一番好きな
食べ物はと
聞かれたら?
チョコ
レート
普通だ…
はーい
フィリピン
以外でも
スピ体験
しましたか?
9話参照
ボロボロ
メキシコと
グアテマラで
マヤ式のお祓(はら)いを
受けたよ
ブードゥー教の※
一種が盛んな
キューバの首都
ハバナや
ブラジルの
サルバドールでは
観光客が見学できる
ショーもある
メキシコシティの
ソノラ市場には
呪術道具が並ぶ
でも
見られるのは
ダンスだけ
※キューバではサンテリア
ブラジルではカンドンブレという

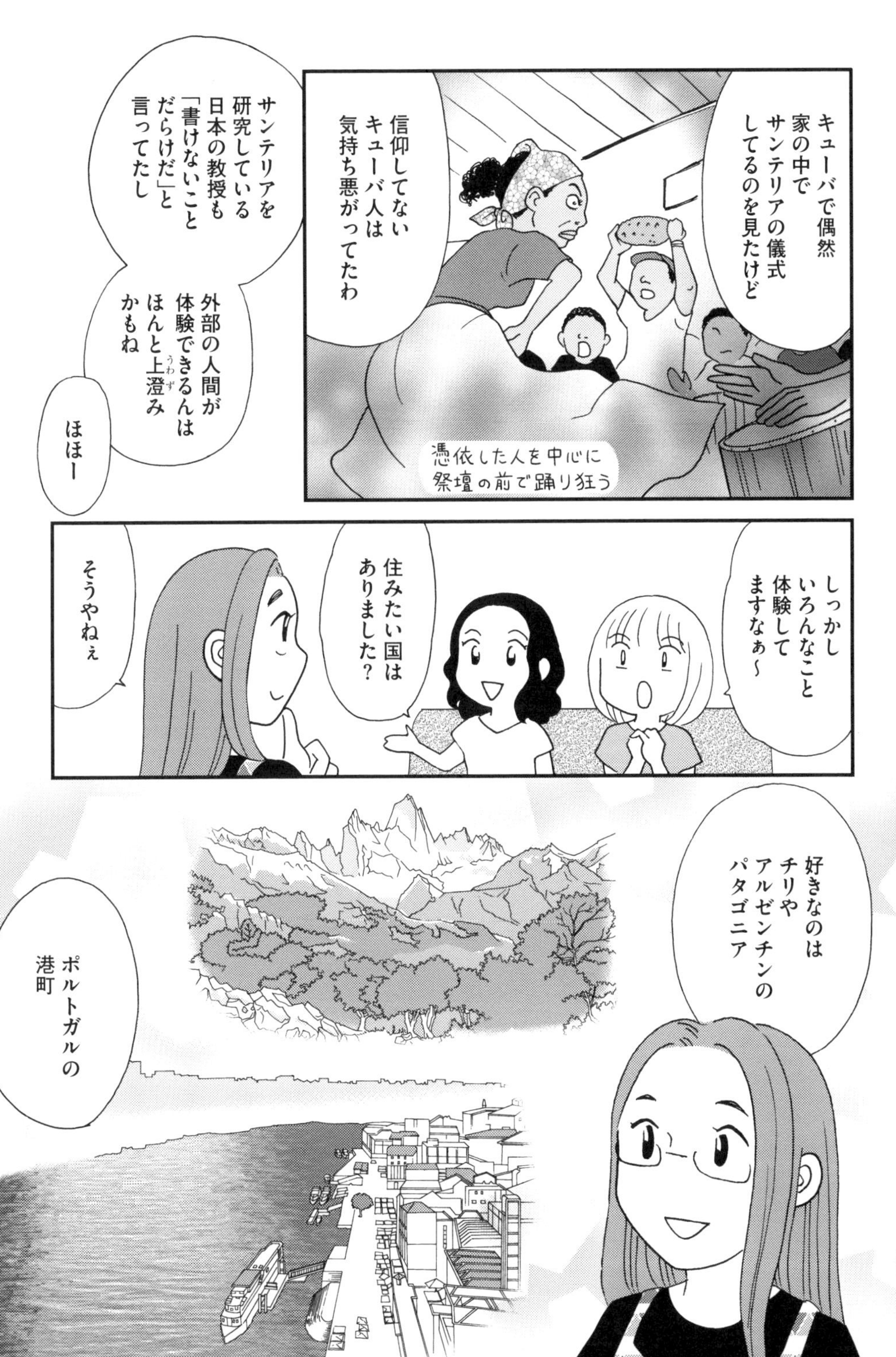
キューバで偶然
家の中で
サンテリアの儀式
してるのを見たけど
信仰してない
キューバ人は
気持ち悪がってたわ
憑依した人を中心に
祭壇の前で踊り狂う
サンテリアを
研究している
日本の教授も
「書けないこと
だらけだ」と
言ってたし
外部の人間が
体験できるんは
ほんと上澄み
かもね
ほほー
しっかし
いろんなこと
体験して
ますなぁ〜
住みたい国は
ありました?
そうやねぇ
好きなのは
チリや
アルゼンチンの
パタゴニア
ポルトガルの
港町

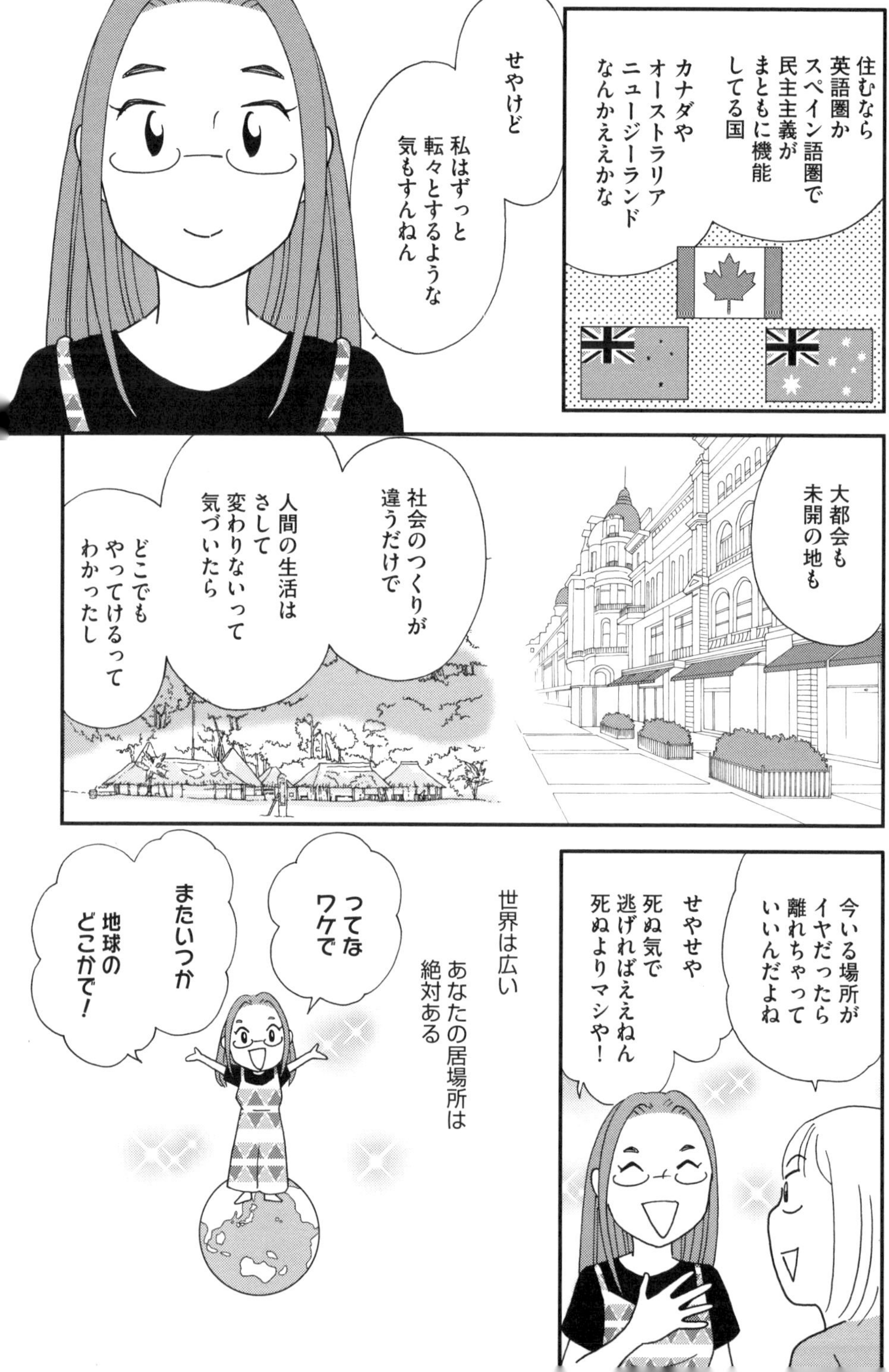

住むなら英語圏かスペイン語圏で民主主義がまともに機能してる国

カナダやオーストラリアニュージーランドなんかええかな

せやけど

私はずっと転々とするような気もすんねん

大都会も未開の地も

社会のつくりが違うだけで

人間の生活はさして変わりないって気づいたら

どこでもやってけるってわかったし

世界は広い

あなたの居場所は絶対ある

MY JOURNEY JAPAN WITH

特別収録

対談

栄光ある「ひとり」になる

原作者
片岡恭子

×

臨床心理士
信田さよ子

profile 信田さよ子
公認心理師、臨床心理士。
1946年岐阜県生まれ。お茶の水女子大学文教育学部哲学科卒業、同大学院修士課程家政学研究科児童学専攻修了。駒木野病院勤務、CIAP原宿相談室勤務を経て1995年原宿カウンセリングセンター設立。2021年6月1日をもって所長を退任し、顧問となる。近著に『家族と国家は共謀する　サバイバルからレジスタンスへ』（KADOKAWA）がある。

片岡　私の場合は家族からも国からも逃げたわけですが、一般的には家族からは逃げられても国から逃げるのはなかなか難しいと思います。もし海外に出ることなく、国内にいたとしたら、どのような対処の方法があったのでしょうか？

信田　あのまま日本にいたほうがよかったと思っていますか？

片岡　よいとは思えなかったので海外に出ました。

信田　ですよね。

片岡　私は海外に出ることで精神状態がよくなったわけですが、もし私に海外に出るという選択肢がなかったとしたら、カウンセリングを受けることなく、精神科医を受診していました。

信田　ご出身はどちらですか。

片岡　滋賀（しが）です。田舎なのでカウンセリングを受けるという発想がなかったんです。なので、最初に大学病院の精神科を受診しました。そこで薬を出してもらうのに話をしなくてはならなくて。すぐにこれではダメだなと思いました。薬を出してもらったとしてもそれは対処療法で根本的な原因の解決にはならない。別に死んでもかまわないから、好きなところに行って好きなことをしようと海外に行きました。

信田　2001年頃は首都圏では精神科医療が変わりつつあるときでした

が、大学付属の精神科は権威はありますが、使い勝手はよくないかもしれませんね。一番いいのは開業医です。駅近くのぷらっと行けるようなところが最新の情報を知っていますし、経営のこともあるからみんな必死ですし。大学付属の精神科ってけっこう傷ついちゃう人もいますから。

片岡　当時は精神科医のまわりにインターンがいました。

信田　さすがに今それはないですよ。

片岡「それはないわー」と思いました。何もかもに疑心暗鬼になっているということもあって、精神科医とインターンが浮かべている表情がすごくイヤでした。精神科医だけに限った話ではなく、日常生活でそれまでもずっと誰に何を話してもちゃんと理解されている感じがしなくて。だから、誰かに何かを話すことへのあきらめがすでにありました。

信田　精神科医だけでは不十分なんです。自分が考えていることをしゃべって、相手にある程度理解されないというのは本当にたいへんなこと。話を理解するというのは本来カウンセリングがやるべきことであり、そういう人にちゃんと向き合うのはカウンセリングだけというのが私の結論です。精神科医療というのはとても限定的なものです。それが今の日本みたいにどんな問題でも精神科にとりあえず行けばいいというのがだいたい誤りで、そういう常識を変えてもらいたいと思っている。あとはお金の問題だけです。精神科医療は保険が適用されるけれど、カウンセリングは適用外。金銭面での対等性が日本にはないから苦労はしていますが、だからこそ精神科医療ができないことを一生懸命やっています。

片岡　そうなんですね。

信田　漫画に話を戻すと、明確な幻聴が聞こえてくるのは一過性によくある

こと。だけど未熟な精神科医だと即座に統合失調症だと診断しがち。おまけに体も弱っていたら急性期だと即入院させられて、それでかえって病的な状態になっていたかもしれない。あのときにちょうどニュースで見た9・11事件がきっかけで旅に出られたことはラッキーでしたね。

片岡　統計をとったわけではなく自分の体感でしかないのですが、海外在住の日本人で親と仲が悪い人がけっこう多いような気がします。

信田　やっぱり家族＝日本なんでしょうかね。

片岡　なるべく物理的に離れたい。ここまで離れたら届かないだろうと。

信田　避難という意味でね。そうすると、意図的に国を棄てるという選択はしなくても、とにかく遠く離れたらいつのまにか別の国に来ちゃったという人もいるんでしょうかね。

片岡　いそうですよね。でも、家族から逃げて、国から逃げて、いったいどこまで逃げれば解放されるんだろうって思います。またどこかのコミュニティーでしがらみができて、そこから逃げてを繰り返していたら、結局、最後にはひとりになっちゃう。

信田　「逃げる」という言葉の中にはマイナスの評価が入っているでしょ。逃げたのと脱出という表現とは違うし、住む国を選んだと考えることもできますよね。大多数が「自分の国は選べない、日本しかない」と思っているわけだから。そこを日本じゃない国を選んで脱出したわけだから。逃げたんだと思っていると逃げた人になるわけだけど、脱出して別の国を選んだ。結果的にひとりだったとしても、それは栄光あるひとりなのであって。DVに遭って親から虐待を受けて、自分の生き方を妥協しなかったらひとりになるんですよ。特に女性でそういう人は、そこにプライドを持たないといけない。

片岡　日本にいて感じる孤独よりも海外で感じる孤独のほうがより軽減される。自国にいて母国語でしゃべる同じ文化背景を持つ人々と理解し合えないのはつらいけれども、海外で人種もなにもかも違う人々と理解し合えなくてもそれはしょうがない。海外のほうが同じように理解されなくても楽じゃないですか。

信田　それはそうですよね。ダイバーシティ（多様性）の中の孤独とユニティー（単一性）の中の孤独ですね。日本という国とお母さんが重なっているのは、ほかの本にはなかった。片岡さんの本にしかありませんでした。そこから脱出したことで、いまこうして生きて作品を生み出せている。それが本当によかったと思います。

片岡　そう思っていただけたら、本を書いた甲斐があります。本日はありがとうございました。

2020年2月を最後にハンドキャリーの仕事が途絶えた。日本から出られないコロナ禍に、原作漫画の連載があって本当にありがたかったこの1年。漫画化の話を持ちかけてくださった小沢さん、期限がないと何もできない私にしめきりをくださった花澤さん、お忙しい中で対談をご快諾くださった信田さん、どうもありがとうございました。

片岡恭子

●初出
『comicタント』 Vol.8〜18
※本書は上記の作品に描き下ろしを加えて構成しました。

だから死ぬ気で旅に出た

2021年7月20日　初版第一刷発行

原　作　片岡恭子（かたおかきょうこ）
漫　画　小沢カオル（おざわ）
発行人　今 晴美
発行所　株式会社ぶんか社
〒102−8405　東京都千代田区一番町29−6
TEL 03-3222-5125（編集部）
TEL 03-3222-5115（出版営業部）
www.bunkasha.co.jp
印刷所　大日本印刷株式会社

ISBN978-4-8211-4596-6